今、ここに在る身命《いのち》

藤田徹文

探究社

はじめに

私たちは自分が今、ここにあることに感激したり、驚くことはあまりないと思います。今、ここに自分があるのは、自身の努力、苦労、忍耐などの結果であり、それは当然のことで、特別に感激したり、驚くような要素は一切ないと思っている人がほとんどだと思います。中には、人間は生まれた時から、生きる権利があり、自分が今、ここに生きていることを当たり前のことだと思っている人もいるでしょう。

私も長い間、そのように思って生きてきました。それが、いつの頃からか、自身が今、ここに生きていることは当然のことではなく、大変なことだなと思うようになりました。

今はしみじみと、自分の努力、苦労、忍耐だけでは、どう考えても私の今、ここにある人生はなかったと思っていますし、十二分の義務を果たしての権利というならば、私は大きな顔で「生きる権利」があるなんて言えません。

人の前でえらそうに、私は他の人に負けないぐらいの努力をしたとも、苦労をしたとも、忍耐をしたとも言えるようなものは何もありません。その時その時、思うようにならないことがあると不足を言い、不満や不平や怒りを周りの人にぶつけながら人生を歩んできた私です。そんな私が今、ここに生きているのです。それはこの世に身命（いのち）を恵まれて以来、私のために苦労してくださった父母（私には父と呼ぶ人が四人、母と呼ぶ人が三人いました）、数えられないぐらい多くの師、先輩、友人、近隣の人をはじめ、私自身が気づいていない多くの方の支えがあったからです。それは人だけでなく、多くの「いのち」に生かされてきたおかげです。

しかし、私たちは人間の知識で理解でき、人間の言葉で表現できるものだけで生かされてきたのでしょうか。私は決してそうは思いません。今、ここにある身命は、人間の知識や言葉で認識し、表現もできない思議を超えた、文字通り不可思議なる大きな「はたらき」の存在があってはじめて実現しているのです。その大きな「はたらき」の存在が明確でないが故に、人間は自分の想定外のことが起こると「奇跡」、「奇瑞」、「不思議なこと」といった言葉で表現するのです。

お釈迦さまは、この世の一切の出来事には必ずそれが生まれ、起こる直接原因（因）と間接原因（縁）がある（因縁生起、縁起）ことを教えてくださいました。私は、自身の八十年の人生を思い返しながら、今、ここにある私を考え、それだけでなく、私を真に私として今、ここに身命を与えてくださっている大きな「はたらき」、「不思議」というより「不可思議」な「はたらき」（無上の法）に遇ったよろこびを語りたいと思います。

お釈迦さま当時のインドの人が、一生を学生期・家住期・林住期・遊行期の四つに分けて、理想の暮らしとしてきました。私は決して古代インドの人が理想としてきたような人生の歩みをしてきた訳ではありませんが、これに習って少し順序は違いますが、前編で学生期（～二十九歳）・家住期（三十～四十八歳）・そして後編で遊行期（四十九歳～六十八歳）・林住期（六十九歳～）として、わが身命の歩みを振り返り、私が今、ここにある身命を実現してくださったわが身命の根本である不可思議の大きな「はたらき」（無上の法）について語りたいと存じます。機会を改めて書きたいと思っています。

合掌

今、ここに在る身命　目次

わが身命（いのち）が生きた前半生

第一章　私の学生期

①　幼児期の思い出

私がこの世に誕生させていただいたのは、日本が対米英に宣戦布告した五カ月前の一九四一（昭和十六）年七月五日です。

実父は広島の農家の三男で、檀那寺で僧侶になり、大阪に出て浄土真宗本願寺派（お西）の住職になりましたが、私が一歳四カ月の時、急性腹膜炎で急死したと、実母から聞きました。一歳四カ月ですから、私には実父の記憶はまったくありません。しかし、私の人生の歩みや方向は、まったく記憶にない実父によって用意されていたのです。このことは私の成人後のところで語りたいと思います。

実母は岐阜県の長良川と揖斐川に挟まれた輪中の村にある農家、三男三女の五番目に生まれました。母の実家を継いだのは一番下の叔父で、戦争中私の父のような存在です。

母の一番上の兄と二番目の兄は、僧侶となり大阪の真宗大谷派（お東）の住職となり、母の上の姉も大阪のお東のお寺の坊守となり、私の母は一番上の伯父の世話でお西の寺に入りました。祖父母は上から順番に子が家を出て行き、つらかったと思います。

実父の死後、実母は私を祖父母の元に置いて大阪の下町にあった寺を護っていましたが、寺は一九四五（昭和二十）年八月十五日の敗戦の二カ月前の六月に大阪大空襲で全焼してしまいました。

実母は戦時中のことはあまり話しませんでしたが、一つだけ話してくれたのは、大阪の空襲が始まって多くの遺体が寺に運び込まれ、その番を本堂内陣の余間に布団を敷き、三十二歳の女の身で、遺体の番をするのはキツかったと言っていました。番をしていないと、遺体のポケットの中のもの、時には遺体の口を開けて金歯や銀歯を盗む人もいたそうです。人間は「貧すれば鈍する」の「ことわざ」がありますが、いざとなったら常では考えられないようなことをする生き物です。

実母は「このお寺がなくなればいいのに」と何度も思ったそうです。しかし、寺が全焼した後、何度も「お寺は無事だった」という夢を見たと話してくれました。

私という存在がなかったら、実父の死後の母の生き方は変わっていたと思います。私がいることで、母はやはり一番上の伯父の世話で養父を迎え、寺の復興に、言葉では言い表せない苦労をしました。私の成長を楽しみに、もっと言いますと、復興した寺の住職に私がなることを夢見ていたと思います。結果としては、私は母と養父の期待を裏切って、二十九歳で大阪の寺を出て、現在住まいする広島の寺に入りました。

私が物心ついた時は、岐阜の祖父母と叔父と小母（今思うと新婚間もない時）の元で何の屈託もなく日々を過ごしていました。家の裏には小川が流れ、家から少し離れた田んぼに出れば、幅七、八メートルの広い川が流れ、三十分も歩けば大きな揖斐川がありました。時に村の人が揃って小川の土堤を歩きながら両側から網で小魚を捕ったり、一年に二回ほど広い川を二箇所せき止めて水を抜き、少し大きな魚やナマズを捕りました。

私はそんな時、村のおじさんたちの周りを喜々として跳ね回っていました。

祖父母や叔父・小母が田んぼに出る時は、田の畦を歩き回り、イナゴやタニシ捕りに夢中でした。魚・イナゴ・タニシはすべて祖母や小母が料理してくれ、食事やおやつになりました。

食事は一人ひとりが銘々の箱膳でした。箱膳の中にはご飯茶碗と汁椀、お皿が二枚と箸一膳です。食事の時は蓋を裏返して箱の上に置くとお膳になります。朝はご飯と味噌汁とお漬物だけです。昼食と夕食はおかずが一品つきます。それもお粗末なものです。

食事が済むと、銘々の食器に白湯を注ぎ、箸できれいにしてそれを飲み、箱膳に納めます。ですから、茶碗などを台所で洗うことはありません。また、台所には煮炊きをするかまどが三つ並んでいるだけで、洗い物などは戸外の井戸でしました。

時々、祖母がうどんやそばを半畳ほどの板を出して打ってくれました。私は横でその様子をもの珍しく見ていたものです。味噌は自家製ですが、時々祖母や小母がそれを炊きたてのご飯の上に乗せてくれるのです。その味噌をご飯と混ぜていただくのですが、私はその美味しかったことが今も忘れられません。

夜はいつも叔父が入り口の土間で藁で俵を編んでいました。鼻歌交じりに「卯の花の匂う垣根に……」（佐佐木信綱作詞『夏は来ぬ』）と歌っていました。私は座敷の上がり段に座って、叔父の楽しそうに歌いながら仕事をしている姿を見ていました。

寝るのはいつも祖父と祖母の間でした。ある冬の寒い夜半に大きな地震があり、祖父が足元のコタツを持ち、祖母が私を抱いて家の裏の竹藪に避難しました。地震の間、熱いコタツの上で竹につかまり、片足を交互に上げながら震えていました。それは一九四五（昭和二十）年一月十三日の東海地方の大地震（死者一九六一人）でした。

戦争の時の記憶は家の前の大木の下の防空壕から大きな爆音を響かせて東の空に向かう爆撃機を見ていたことしかありません。

②　小学時代の思い出

母が迎えに来て大阪に戻ったのは、小学校に入る一年前でしたから、一九四六（昭和二十一）年の三月ではないかと思います。そう思うのは一年間児童相談所の託児所に通ったことを覚えているからです。記憶に残っているのは砂場で遊んだことぐらいで、先生のことも友だちのことも一切思い出せません。

東海道本線の岐阜駅から大阪駅まで、煙をもうもうと上げて走る力強い蒸気機関車に引かれる満員列車の旅でした。覚えているのは、トンネルへ入る時、数名の「窓を閉めろ」という大きな声と、出ると皆が一斉に窓を開けて大きく息をする様子だけです。

その後母に連れられて、お米など食料の買い出しに大阪と岐阜を往復しましたが、列車はいつも満席で、席も通路もギュウギュウ詰めで、座席の下や網棚で横になっている人がいました。膝には買い出しの大きな荷物です。時には「警察の手入れだ」の大声で、買い出しの荷物を窓から車外に投げ捨て、手ぶらで家に帰ることもありました。

物心ついて初めての大阪です。駅はごった返していましたが、そんな中に長い長い人の列がありました。私は母の手を振りほどき、その列の先頭を見に行きました。そこで見たのは、一人ひとりが腰を曲げ、口を上にして水道の水を飲んでいる姿でした。食べる物もなく、腹をすかして水を飲む大人の姿でした。駅を出ると、数名の白衣を着た、片足や片手の傷痍軍人の物乞いする姿でした。大阪駅前から、ところどころにバラック小屋が見えるぐらいの焼け野原を、母に手を引かれ家に帰りました。途中で見た建物らしい建築物は、今も変わらない造幣局と大川にかかる銀橋でした。
家は全焼した寺に隣接する二階建ての長屋でした。その一階だけが母と養父と私の住み処でした。間取りは、玄関が土間で一畳半、三畳の間、横に台所とあとは六畳が二間ぐらいであったと思います。私が大阪に戻る一年前、敗戦の翌年に母は養父と再婚していたのでしょう。

私が小学校に入った秋の運動会のお昼前に、母が「祖父が危篤」ということで、学校からそのまま岐阜の祖父母の家に帰りますと、布団に横たわる祖父の周りには親族の人の輪ができていました。枕元の祖母が時々祖父の口元に手をかざし、「まだ置いてもろとるな」と言うと、その場のみんながホッとした顔をします。祖母は祖父の息を手に感じられなくなったのか、仏壇のおりんを持ってきて、祖父の耳元で打ちますと、祖父がわずかに反応します。それもしばらくのことで、祖父の反応がなくなると、祖母が祖父の手を胸の上で合掌させ、念珠をかけて「長い間ご苦労さまでした。参らせてもろてよかった。私もすぐ参らせてもらいますよ」と、祖母は念仏しました。周りからすすり泣く声とお念仏の声が聞こえました。私はぼう然とする母の顔を見ていました。私はその時の光景をどういうことか鮮明に覚えています。

私が小学校に入った翌年に妹が生まれ、卒業の前の年に弟が生まれました。家の前は野原で、百メートルほど前に城北運河があり、ポンポンと心地よい音を立て、蒸気船が二、三艘の運搬船を引いて往来していました。また、今も懐かしく思い出すのは物売りなどの声です。「金魚ぇー金魚」、「焼きいもー」や「コウモリ傘の張り替え」です。

私は一時期金魚を飼っていました。学校に行く前と帰ってきてから餌をやると、金魚が私になついて、私の足音を聞くと水面に上がってきて、口をパクパクと開けます。それが可愛くて、私の宝物でした。ところがある日、学校から帰ってみると、金魚が全部死んでいました。私は悲しくて母に当たり散らしました。その時の困り果てた母の顔が今も瞼に残っています。小学校で鮮明に覚えていることは三つだけです。

一つ目は、一年生の時の担任の本井先生のことです。濃い緑の軍服ズボンの先生で、授業の始めに必ず「タマゴ」（両手を重ね、両方の親指を上で着けてタマゴの形をつくる）と厳しい声で言って、皆の心が落ち着き、静かになるのを待って、「それでは○○頁を開きなさい」と授業を始められるのです。私は今でも、法話の前など気持ちが落ち着かない時には、一人で「タマゴ」を実行しています。

二つ目は、五、六年生の時によくいたずらをして廊下に立たされたことです。両手に水を入れたバケツを持ち、立たされていると、いつも担任の先生より遅れて来る隣の担任の男の先生が、笑いながら出欠簿で「また立たされとるのか」と、頭をポンとたたかれたことです。一回二回なら、そんなことはすぐ忘れるのですが、毎日のように立たされていましたから、今となっては懐かしい思い出となり、忘れられないのです。

三つ目は、五、六年の時の金沢良江先生です。優しい先生でした。私はよく立たされたけど好きな先生でした。先生は月に一度ぐらい「今度の日曜日にみんなで私の家に（子どもの足で学校から三十分ほどの距離）遊びに来なさい」と言われるのです。ですからその翌日の月曜日には、クラスでは先生の家に行った話で花が咲きます。ところが、私は一度も先生の家に行ったことはありません。行きたかったのですが、いつもいたずらをして廊下に立たされていたから行きづらかったのです。

これには後日談があり、高校で先生の妹さんと同クラスになり、彼女が私に「姉がクラスの名簿を見て、この子は小学校の時に教えた子だけど、一度も家に遊びに来なかったと気にしている。できたら一度遊びに来て」と言います。その話を何度も聞かされ、地図を書いてもらって、重い足を引きずって先生の家を訪ねました。先生は喜んで、握り寿司をとってくださり、「小学校の時、一度も来なかったのはあなただけよ。どうして来なかったの。あなたのことがずっと気になっていたの。あなたの顔を見て肩の荷がやっと下りた感じよ」と話してくださいました。

あんなにいたずらばかりしていた私のことを、先生はこんなにまで気にかけてくださっていたのかと、涙がこぼれそうになりました。改めて小学生の時のことを思い出し、先生に何度も頭を下げておいとましました。

小学生の時の遊びで忘れられないのは、大人の背より高い竹馬です。また、一つ上の友だちと休みの日は将棋をしたことです。将棋は今も相手があればしたいのですが、なかなか相手をしてくれる人がいません。

③ 中学時代の思い出

中学生になる前か、なってからか、記憶は定かでありませんが、中学校に入る頃、お寺が再建され、家族五人で寺に移りました。

再建といっても、私たちが居を移した時は本堂の横にある三部屋だけでした。本堂の外陣に畳が入り、障子戸が入り、縁側にガラス戸が入るまでには一年ほどかかりました。

中学に入って私は吹奏楽部に入りました。特に音楽が好きだったわけではありませんが、長屋に住んでいる時に、隣の三つほど年長のお兄ちゃんが、中学の吹奏楽部で、休みの日など表の野原に向かってトランペットの練習をしていました。私はそのお兄ちゃんに憧れ、自分も中学校に入ったらトランペットを吹きたいと思っていました。

しかし、トランペットは私の手に負えないというか、口に負えなくて、実際はトロンボーンを吹くことになりました。三年間、夏休みには天王寺公園にある音楽堂へ、大阪市の吹奏楽団の人の指導を受けに通いましたが、あまり上達はせず、中学卒業と同時にやめました。

小学校の五、六年生のことから中学三年間続いたのは下校時の道草です。私の道草の場所は二カ所です。一カ所は馬の爪を削ったり、蹄鉄を打つ家の前です。当時はまだ国道を荷馬車が多く往き来していました。今の日本の都会には馬の足に蹄鉄を打つ場面は見たくてもないのではないでしょうか。

もう一カ所はガラス工場で、冬でも裸に近い姿で、中に穴が通っている二メートルほどの棒の先にある真っ赤に焼けたガラスの玉を力強く吹いてふくらませる若い職人さんの仕事ぶりです。今もその仕事はガラス工芸には欠かせないでしょうが、今は職人でなく芸術家です。道端で子どもが毎日じっと見るようなことはないと思います。小さい工場がたくさんあった大阪の下町の様子が今も懐かしく思い出されます。

中学時代の先生で一番懐かしいのは、二年生の時の担任の末永忠治先生で、三十歳前の顔立ちが男らしい憧れの先生でした。私が今も拙い文を書く習慣をつけてくださった先生です。毎月四百字詰原稿用紙に二、三枚の作文を提出するのが宿題でした。私はこの宿題が何より嫌でした。毎日同じようなことをして日を送っている私には、毎月書くことがなく、作文の宿題さえ出さなかったら、「末永先生は本当にいい先生なのに」と何度も思いました。

でも、先生は月に一返の作文を出さないと授業後につきっきりで書くことを指導されるのです。「昨日あったことでいいから書け」、「昨日は何もありませんでした」、「ではその前の日のことを書け」と言われるのです。作文を書くまで帰してもらえないので、仕方なく、「私の昨日は母にこんなことで叱られました」とか「友だちとこんなことをして遊びました」などと言うと、「今言ったままでいいから書け」と言われ、たどたどしい文章を書くと、「それでいい、書けるじゃないか」と、文章にもなっていない私の作文を受け取って、先生は帰路に着かれるのです。

先生は毎月クラス全員の作文をガリ版印刷で文集にしてくださるのです。今思うと「先生も大変だっただろうな」ということをしみじみ感じます。時々思い出し、一年間十二冊の作文集を探すのですが、どこに片付けたのか見つかりません。今となっては私の大切な宝物なのですが、どうしても見つかりません。

この文集を末永先生は福井の中学校の同学年のクラスと毎月相互に交換され、福井の中学生の文集も一人ひとりにくださるのです。きっと学生時代に親しかった方が福井の中学におられて、両先生で話し合って、そうされたのでしょう。

それだけでなく、二学期に入ると、福井の文集の中から一人を選んで文通をするようにとの指導です。私は作文を書くだけでもつらかったのに、文通をせよとのご指導です。相手は一人ひとり先生が決めてくださいました。男子生徒に女子生徒を、女子には男子をと決めてくださって、手紙を書き、封をして先生に渡すと、先生がまとめて相手の学校に送ってくださるのです。

三学期になり、二月に入った頃だったと思いますが、文通相手の学校が修学旅行で大阪に来ました。日曜日に大阪の中之島にある旅館に泊まる予定だということで、先生に引率されてクラスの全員が、文通相手に会いに行きました。私の文通相手は柱の陰から顔を半分ほど出して「こんにちは」と言っただけで隠れてしまいました大半の人たちがそんな感じの対面をしただけで帰ってきました。

ところが、この文通は三年生になっても続きました。もちろん三年生になると担任の先生も代わり、クラスも変わりますから、文通は個人と個人になります。他の人はどうしたのかは知りませんが、私は月に一、二度手紙を出し、その都度返事も来ました。あんなに嫌だった文章を書くことが、いつの間にか好きになり、そのうち写真の交換も始め、いつの間にか彼女の写真が二、三十枚になりました。

三年生の二学期になる頃から、勉強に疲れると彼女の写真を見るのが何よりの息抜きになり、楽しみになりました。ところが養父は、私のそんな姿が心配になっていたのです。私が受験しようと思っていた高校は、大阪府立の進学校でした。私の中学校（一学年三百五十人）からは毎年五人ほどしか入学していません。私はどうも周りの人の影響を受けやすいのか、その高校を受験しようと思ったのは、寺のはすかい向かいの二十歳ほど上で、奥さんの美しい兄ちゃんに憧れて、その人の出身高校を志望したのです。

養父にしたら、文通が勉強の邪魔になって希望の高校に入れなかったらいけないと思ったのでしょう。三学期が始まった間もない頃、私は学校から帰って、机に向かいしばらくして、いつものように彼女からの手紙と写真の入った引き出しを開けてみますと、その引き出しから手紙や写真が一切なくなっていたのです。

私はすぐに母にそのことを言い、「誰が手紙や写真を引き出しからとったのか」と問い詰めました。母は本当につらそうな顔で「お父さんが、お前の受験のことを心配して、写真は全部相手に送り返し、手紙は焼き捨てた」と言いました。

私は唯一の楽しみを奪われたような気になり、やり場のない怒りが心底から噴き出しました。養父が逮夜参り（命日前日のお参り）から帰ってくるのを待ち構え、全身で怒りをぶつけました。「なぜ黙って僕の大切なものを始末したのか」と。養父は「お前の高校受験が心配でしたことだ。何も言わずに勝手にしたことは悪かった。どうか許してくれ」と頭を下げました。親に頭を下げられたら、私もそれ以上は言えませんでした。

しかし、このことがあってから私と養父の間に隙間風が吹くようになりました。私が後に寺を出る遠因となったと思います。

④ 高校時代の思い出

私が入学したのは大阪と奈良を分ける生駒山系の北部にある飯盛山の麓にある大阪府

立四條畷高校です。私は自分の入った高校に、ただ斜め向かいの憧れの兄ちゃんが出た高校だから受験しただけで、四条畷という土地やそこにある高校については何も知らなかったのです。

通学には当時の国鉄片町線（現在はＪＲ学園都市線）の鳴野駅まで歩き、一時間に一本のディーゼル列車で四条畷駅で下車し、歩いて高校まで計一時間以上かかりました。沿線に城東工業高校（建築家の安藤忠雄さんが同年卒業生）が、四条畷駅前に四條畷学園（女子校）がありましたから、朝の通学はいつもギュウギュウ詰めでした。

私は小・中学時代お寺の子として、みんなから「ボン」と呼ばれていました。ところが、寺から遠く離れた高校でも三年間、友だちも先生も私を「ボン」と呼びました。後輩は「ボン」と呼び捨てではいけないと思い、「ボン」の下に「さん」を付けて呼ぶのです。「ボン」と「さん」の間を少し空けて「ボン…さん」と呼ぶのです。

こんなことになったのは、満員列車で城東工業高校に通う中学時代の同級生が、大声で「ボン、こっちこっち」と呼ぶ、近づくと「ボン、昨日な……」と大声で話すので、それを聞いている高校の同級生も私を「ボン」と呼ぶようになり、先生までが「ボン」

と言うようになってしまったのです。私の気持ちは複雑でした。

私は入学して初めて四条畷とはどういう土地かがわかりました。明治・大正時代の方なら四条畷がどういう所かを、ほとんどの人が知っていたと思います。駅から高校に行くのに「楠木正行」の墓所があり、飯盛山の麓には四條畷神社があります。敗戦前にはよく歌われたという「四條畷」という歌もあったのです。

敗戦後に育った私たちはあまり「楠木正行」と言ってもピンときませんが、私たちの祖父母や父母の年代の人には有名人の一人です。少し横道にそれるようですが、「楠木正行」について少し述べておきましょう。それが高校のあり方と関係するからです。

楠木正行（一三二六年頃～一三四八年）は、後醍醐天皇の命令で兵を挙げ、鎌倉幕府滅亡のきっかけをつくった楠木正成（一二九四年頃～一三三六年頃）の長子です。父正成は足利尊氏と湊川（神戸市内）で戦って戦死しましたが、「太平記」や「日本外史」で忠臣と讃えられ、敗戦前までは「大楠公」と敬われた人です。

正行は父正成の遺志を継ぎ、南朝（後醍醐天皇の吉野朝廷）のために尽くしましたが、高師直と戦い、二十二歳の若さで戦死しました。その最後の戦いの地が四條畷です。日本の敗戦前は天皇は生きた神で、絶対的な存在でしたから、その天皇のために死んだ若き正行は「小楠公」として敬われていたのです。

そんなことで、四條畷高校は敗戦前まで「楠公精神」を校是として文武両道を大切にする学校だったのです。それで私が入学する前には剣道や柔道が強かったそうです。私が入学した頃はラグビー部が府下で一、二を争う高校でした。

私は身体はクラスでも大きい方でしたが、体力のない虚弱児でした。母は時々私に「お前は二十歳までよう生きんやろな」と言っていました。小学生の時、友だちと大衆浴場に行き、長湯をして倒れ、母に背負われて寺に戻ることが度々ありました。中学生の時は、夏の暑い日の体育の時間にめまいを起こして木陰で横になっていたことが何度もありました。

今でも忘れることができないのは、中学三年生の時に、初めて養父のお供で門徒のお葬式に参った時のことです。後日、父が私に「門徒の人が先日の葬式に一緒に参ってくださったのはどこの尼僧さんですかと言っていたよ」と話しました。首が細かったので普段会うことのない人は、私を後ろから見ていて尼僧だと思ったのでしょう。図体は大きくても虚弱だと思っていた私は、高校に入ったら身体を強くする運動部に入りたいと思っていました。

入学して親しくなった友に「この学校で一番強い運動部は何部か」と尋ねますと、友は笑いながら「この学校のことを何も知らずに入学したのか」と言いますから、私も正直に入学の経緯を話しますと、「この学校で一番の体育系クラブはラグビー部だよ」と教えてくれました。

私はラグビーがどういうスポーツかも知らず、自分の体力をつけたいと思う一念で、昼休みにラグビー部の部室に行きました。部室には昼休みでも数名の身体のがっちりした強そうな人がボールを磨いていました。恐る恐る入部を申し込みますと、「放課後グラウンドに来て、まず練習を見た上で決めよ」との返事でした。

授業の終わるのを待ち構えてグラウンドのスタンドに行きますと、間もなく三十名ほどの部員の人がユニフォーム姿で出てきて、フォワードの人がスクラムの練習、バックスの人はパス回しの練習、最後に二チームに分かれて試合形式の練習です。

先生や先輩コーチの厳しい声の響く中で、かなりハードな練習です。私は初めて見るラグビーの練習に、これは自分にはついていけそうもないなと思いましたが、練習後、先生に「君、本当に入部するのか」と言われると、体力はなくても負けん気だけは強かったので、「よろしくお願いします」と返事しました。

入部してわかったのは、始めの一、二カ月は練習でまともにボールなど触れさせてもらえません。ランニングとタックル、そしてセイビングといって身体でころがるボールを止める練習の繰り返しばかりで、ボールにしっかり触れるのは昼休みのボール磨きの時ぐらいでした。

ジャージは卒業生が残していってくれた古いもので間に合わせましたが、シューズだけは自分のものでないと間に合いません。始めは運動靴でしたが、二カ月ほどたってスクラムの練習になりますと、どうしてもラグビー用のシューズが必要になります。

はじめ私はラグビー部に入ったことを親に内緒にしていましたが、親は何か激しいスポーツをしていることに気づいていました。高校から帰り、夕食を済ますとすぐに床に入る私の姿を見たら、気づくなと言っても気づくのが当然です。中学三年の文通を止めた時の私の怒り方を気にして、親は私が言い出すのを黙って待っていてくれたのです。

シューズを買うために、私は親にラグビー部に入ったことを白状しました。

始めは黙っていた母も、七月になって暑さが増すと共に、私の疲れもひどくなり、帰るなり横になる姿を見て、母が辛抱しきれなくなったのでしょう。「スポーツをするのはいいがラグビーはお前には無理だと思う。やめてくれ」と言いました。

スクラムの練習が始まってから、私はジャージを家に持って帰り、母に頼んで右肩の部分にタオルを二枚折り重ねて縫い付けてもらいました。それを母に洗わせていたことも、母が「ラグビーをやめてくれ」と言った理由だと思います。その頃から親に対する反抗心も強くなり、頑張り続けました。身体も少し慣れてきましたが、私が一番困ったのは八月のお盆の期間です。

養父が「盆参りだけは、少し手伝ってくれないとどうにもならない」と言います。母も「盆の間は寺に参ってくる人があり、寺を空けられないから、もうラグビーをすることに反対はしないからお父さんを手伝ってやってくれ」と言います。

大阪の下町にある私の寺では、八月十三、十四、十五日の三日間に全門信徒と、盆参りだけを頼む家と合わせて三百五十軒ほどありました。平均一日百十五軒余りです。大半が、長屋住まいですが、一人ではどうにもならないことは私にもわかります。

クラブの先生にお願いして、盆の三日間だけは休ませてもらいましたが、練習を休み、ほとんど正座の時間を三日間過ごした後の練習で、私は三、四日は練習中にダウンしていました。両足が四、五カ所つり、痙攣するのです。毎年盆の後は私にとって一番辛い時期でした。合宿練習に重なることもありました。

その頃が四條畷高校ラグビー全盛期だったのです。私は一年生の時は補欠のメンバーにも入れませんでしたが、二年生で補欠になり、三年生でスクラムの前列の右のポジションをいただきました。当時は右フロントと言っていました。現在のラグビーでは、試合中、選手の交代がありますが、当時は途中交代はなく、ケガでもすると、その人を欠いたままでの試合でした。スクラムも危険ということで、今はぶつかりませんが、当時は思い切りぶつかり合いました。ラグビーも時代と共にルールがかなり変わりましたが、今でも私にとって一番好きなスポーツです。

四條畷高校ラグビー部の全盛期と言いましたが、一年生の時は全国大会（今は花園ラグビー場ですが、私の頃は西宮のラグビー場でした）でベストエイト、二、三年生の時はベストフォーでした。当時高校の全国大会は一月一日の元旦から九日まででした。準決勝が七日にあり、それに負けて、八日から三学期が始まります。

高校三年間、全国大会期間中は宝塚で合宿だったので、お正月にお寺にいませんでした。親は寂しかったようで、何度か母のグチを聞きました。私は三年間、お餅を食べなかったのが習慣になってしまい、今も餅は口にしません。

あの当時、ラグビーそのものが今のように多くの人に知られていませんし、激しいスポーツですから、心配して反対する親が多かったのです。私が「親に反対されている」と言うと、「ウチの親も反対や」というチームメイトが多かったのですが、いざ大阪の決勝戦や全国大会になると、反対していたはずのお父さんが、当時は八ミリカメラを持ってグラウンドのラインを越えて、自分の息子を映す姿は珍しくありませんでした。

私の両親が試合を見に来てくれたことは一度もありませんでした。それが私にとって、高校時代の一番寂しい思い出です。今考えると、あの時逮夜参りに追われていた養父に試合を見に来る時間はなかったと思いますが、当時は「実父なら、何をさておいても来てくれたろうに」と思いました。少しひねくれた人間になっていたのでしょう。

後日談ですが、三年生の時、全国大会の準決勝で北海道の北見北斗高校に負けた話を札幌のお寺で話しますと、その時の北見北斗高校の選手だった人が参っておられ、講師部屋に来てくださって驚いたことがあります。

高校時代、ラグビー以外ではっきりと記憶に残っているのは、二年生の時に読書感想文で学年一位になったことで、忘れられないのは、その後数名の友だちからラブレターの代筆を頼まれたことがあったことです。中学二年の時の末永先生のおかげです。

私の時代に、四條畷高校から龍谷大学に進学したのは私だけで、前後もあまりいなかったように思います。「君はどこの大学を希望するか」と先生に問われ、「父が龍谷大学以外に行くなら、経費は一切出さないと言いますから、気は進みませんが龍大に行きます」と言うと、「龍大なら受験勉強しなくても大丈夫だ」とのことで、卒業間際までラグビー部に顔を出し、先輩面をして勉強もせずラグビーで高校時代は終わりました。

⑤ 龍谷大学での十年間

㋐ 大学生活の始まり

私が大学に入った一九六〇（昭和三十五）年は、政治面では日米相互協力及び安全保障条約（新安保条約）の問題で大揺れの年でした。大学生になった自分のことだけで頭がいっぱいで、政治問題や社会問題に無関心であった私でしたが、樺美智子さんの死だけは今も鮮明に覚えています。

入学した一年間は、明治の洋風建築・写真で見覚えのあるキリスト教の神学校のような大宮学舎（国の重要文化財）に、自分で言うのも変ですが、本当に真面目に通いました。朝六時には寺を出て、市電で京橋に。京橋から京阪電車で京阪七条まで、あとは鴨川を渡り、河原町通、烏丸通、堀川通と徒歩で大宮学舎には八時までに着き、毎朝本館二階講堂での朝の勤行に出ました。浄土三部経（無量寿経・観無量寿経・阿弥陀経）の繰り読みでした。朝の勤行に出る学生は多くても十名ほどでした。

私は大学での仏教・真宗の授業で、初めて仏教・真宗の教えに出遇ったような新鮮さを感じました。ご法話は中・高生時代、母に「勉強はいつでもできるが、聴聞は今しかできない」と言われ、半強制的に聞いていましたが、例話がわかるぐらいで、教えが理解できていなかったのです。系統的に仏教・真宗を初めて学んで、その教えの深さに感動したのです。だから授業には皆出席しました。午前に九十分授業が二つ、午後も同じく二つで午後四時に終わります。私はどこも知りませんから午後六時には家に帰っていました。今、自分で考えても考えられないほど真面目な一年間でした。

二回生になる前の春休みに、親の勧める西山別院で得度習礼を受けました。その頃の西山別院には、今のような立派な習礼所の建物はなく、私たちの班の部屋は本堂の横の障子で囲まれた寒い一室でした。習礼の内容は全く記憶にありませんが、その時に親しくなった脇本寿彦君が、後に私が広島の寺に入寺する決断を与えてくれたので、話が前後しますが、「俺の寺の近くだから、寂しい時は何時でも飲む相手ぐらいはするよ」の言葉を今も忘れません。彼は五十歳の時、私の用事で車を走らせている時、心臓発作を起こし事故で急死しました。今も時々彼のことを思うと、涙腺がゆるみます。

二回生からは、朝七時過ぎに寺を出て間に合うようになりました。学舎が伏見区深草に変わったからです。駐留米軍の兵舎を龍大が買い取って深草学舎とし、新たに経済学部ができ、学生数も増えました。

私は大学ではラグビーと縁を切るつもりでしたが、どこで誰に聞いたのか「高校時代に全国大会に出場した選手がいる」ということを耳にした先輩が、私をつきとめ、何度も勧誘され、根負けして入部しました。根がラグビー好きでしたから、結局三年間ラグビーをすることになり、大学院に入ってコーチ、そして監督もしました。

深草学舎で忘れられないのは、グラウンドにラグビーのポールを建てる時のことです。体育の先生は剣道〇段、柔道〇段、弓道〇段の合計二十数段の方でしたが、ラグビーには全く無知なので、ラグビーのポールを建てる相談を受けました。深草のグラウンドは広くありませんから、先生はグラウンドの両端にポールを建てると言われるのです。私はラグビーというスポーツの説明から始め、ポールの後ろに少なくとも五メートルはないと「トライ（得点）する場所がない」と話して、ポールを建てました。

これにも後日談があり、体育の先生からビアガーデンなどに誘われ、二、三度おごってもらいました。大ジョッキ二杯ほどいただくのですが、どうして先生が私をビアガーデンに誘われたのか、よくわかりませんでした。大学を卒業する時になってわかりました。先生は私を卒業後に体育の助手にしたいと思っておられたのです。私は卒業後のことは何も考えていませんでしたが、親友が大学院に進むというのを聞き、私はあまり勉強したという記憶はなかったのですが、卒業時の成績が学年で七番でしたから、それなら「僕も大学院に進もう」ということで、修士課程に入りました。先生は修士課程を修了するのを待って「二年待ったから、是非体育の助手に」と声をかけてくださったのですが、丁重にお断りをして博士課程に進みました。この時は親友で、後に仏教大学の学長を二期勤めた福原隆善君と、休日に二人で英語などの勉強をしました。

私は特別に学問の志があったわけではありません博士課程に進んだのは、今考えるといい加減な三つの理由からです。

① 学生生活を終えて住職を継ぐまで、特に何かをしたいということがなかった。

② 学費や小遣いなどを親に無心する必要のない収入があった。(理由は後に)

③ 修士課程修了後、真宗学専攻生七名中三番であった。

博士課程に四年間（一年時に休学）籍を置いて、結局論文のテーマ「親鸞に於ける悲」で指導教授と意見が合わず依願退学しましたが、計十年間龍谷大学に在籍しました。

博士課程での龍大の講義について全く記憶はありませんが、当時、大谷大学の学長であった曽我量深師の最終講義を聴講に行きました。「法蔵菩薩は阿頼耶識」という内容でしたが、内容はちんぷんかんぷんでよくわかりませんでした。しかし、九十過ぎの曽我師のお姿に私は感動しました。講義が始まる時、二人の教授の肩を借りて教壇に引きずられるようにして立たれたはずの曽我師が、いざ話し始められると、全く別人のように輝いて見えました。時間を忘れて、私はそのお姿に見惚れたものです。講義が終わると曽我師は再び二人の教授の背に手をかけてやっとのことで教室を出ていかれました。真実を求めて生涯を生きてこられたお姿に、私は本物に触れた気がしました。

大学の卒業論文は「浄土について」、修士論文は「宿業について」ですが、どちらも教授方の論文の引用が多く、自分の思索というほどのものは皆無に等しいお粗末なものでした。

私は龍大在籍中にいろんなことを始め、学問よりそちらの方が主になってしまっていました。

㋑ 京都の有名寺社めぐりと旅行と茶道

龍大に入った頃、京都に観光税が導入され、有名寺院が共通サイズの拝観券を発行しました。大学時代は日曜日には親しくなった福原君と二人が観光案内の本を持って「拝観券」を案内書の当該寺院の上に貼り付け、その数の増すのが楽しくて、一日に二、三カ寺を巡り歩きました。

また、春・夏の休みには、当時国鉄（現ＪＲ）の周遊券を求め、ユースホステルに宿泊して、北海道や九州を旅しました。当時は北海道や九州などには鉄道網が隅々まで張り巡らされており、行きたい所には何不自由なく行けました。今では廃線になったところが多く、またユースホステルもほとんどなくなり、遠地を鉄道で周遊するのは困難です。学生時代の旅行で忘れることのできない思い出が三つあります。

① 鹿児島の薩摩半島の真ん中辺りで、人家もあまりない駅（駅名は覚えていません）で、中学を卒業した十数名で集団就職の生徒（当時は「金の卵」と言っていた）が列車に

乗ってきました。プラットホームは生徒たちの両親や先生、後輩たちで一杯でした。発車のベルが鳴ると、プラットホームの人たちが「万歳、万歳」と大声で両手を振り上げます。生徒たちは窓に肘をつけ、顔を伏せて声を殺して泣いていました。（当時の列車は窓を開けられました）私たちも涙腺がゆるみ、涙が出ました。初めて故郷を離れる生徒たちの気持ちが痛いほど身に沁みました。

② 霧島の一番高い韓国岳（千七百メートル）まで福原君と二人で頑張って登った時の清々しい気分は、今も昨日のように思い出します。春休みだったのでしょう。頂上周辺には雪があったことを覚えています。今ならわが寺（標高三百五十メートル）の裏山（毛無山、標高四百六十二メートル）に登る気持ちさえ起こりません。

③ 福原君の上の妹さん（下の妹さんは若くして亡くなられました）と三人で北海道を周遊した時のことです。福原君のお寺で旅行の打ち合わせをしている時、お母さんが「大学に入った娘も一緒に連れて行ってもらえませんか」と言われたので、私は即「いいですよ」と答えて、いつもは二人の旅行が三人での北海道旅行になりました。美しいお母さん似の妹さんで、美しいお嬢さんです。二人の旅行ですと、こちらが話しかけない限

り、同年代の人が近寄ってくることはあまりありませんが、三人で旅行した時は、どこに行っても同年代の男性が話しかけてきます。美人が一人加わるだけで、雰囲気が全く違います。いつの間にか私は福原君の妹さんの用心棒のような立場になってしましました。ラグビーのおかげで体力もつき、当時体重も九十キロ近くあり、私は用心棒にうってつけだったのです。

修士課程に入った頃だったと思いますが、茶道（裏千家）を習いに嵐山の嵯峨野にある尼寺の厭離庵に、福原君とやはり親友であった都路顕君の三人で通いました。二年ほど、毎週土曜日の午前中に通いました。師匠は老庵主さんでしたが、始めの二、三カ月は茶室の前の部屋で若い尼僧の方から袱紗捌きや茶室内での心得の指導を受け、やっと茶室に入れてもらいました。習いに来ている人はお弟子を持った五十過ぎの師範のご婦人ばかりで、初心者は私たち三人だけでした。茶室では上席の人から順にお茶を作法に従って点て、次席の人がそのお茶をいただきます。

お茶を点て終わった人は茶室の入り口で師匠に静かに頭を下げ、退室していきます。その間、師匠の老庵主さんをはじめ、稽古に来ている人も全く無言です。お茶を点てる人の足音も全くしません。ただ時々老庵主さんが、お茶を点てる人が立ち上がって次の用意する間に、炉の前に置かれた茶碗などの位置を少し変えられるだけで、茶室は静寂そのものです。

最後に私たち三人になると足音がし、老庵主さんも静かに、いちいちご指導くださいました。お弟子を持った師範ばかりの中に、どうして初心者が習いに行けたのかと言いますと、厭離庵の近くの化野の念仏寺に福原君の知人がいて、その方の紹介があったからです。私はある時、「茶道について何も知りませんので、何かいい本があったら紹介してください」と老庵主さんに問いますと、「茶道の本など読まなくていいから、休まないようにお稽古に来なさい」とのお言葉でした。

習い始めて一年以上たった頃、ご門徒の方で茶道をしている人の家の仏間の柱に、長いうす板に「裏千家師範〇〇〇〇」というのが掛かっているのを見ていましたから、「庵主さま、裏千家師範というのは、どのぐらい通ったらいただけるのですか」と問いました。すると庵主さんは「あなたは将来住職になる人でしょう。あのようなものは必要がないでしょう。そんなことは考えないで、休まずにお稽古に来なさい」と言われました。私は恥ずかしい質問をしたことに気づき、赤面して頭を下げました。

今になってしみじみ思うことは、仏法聴聞も休まず聞き続けることが一番で、二も三もないということです。私が茶道を二年間、毎週通って、今もこの身に残っていることは、「茶道の静寂」ということと、「何事も続けるということの大切さ」だけで、茶道の作法などは全く覚えていません。でもその二点に気づかせてもらったことが、今も厭離庵に通ったことをよかったと思っています。

また、毎週三人で嵯峨野の竹林を雑談しながら通った楽しさ、お稽古の後、近くの二尊院、落柿舎、常寂光院、釈迦堂、大覚寺、天竜寺などを訪ね歩いたことも忘れられない青春の一頁です。厭離庵は今は観光寺院の一つになっているようですが、当時はお茶の稽古に通う人以外はあまり人の近づかない静かな尼寺でした。厭離庵は親鸞聖人（一一七三～一二六三）と同時代の『新古今和歌集』の選者として有名な藤原定家（一一六二～一二四一）が「小倉百人一首」を選んだ小倉山荘の跡です。

㋒ 仏教婦人会（仏婦）の結成と活動

私が得度（僧侶になること）したことを知った門信徒の五、六十代の数名のご婦人が、代わる代わる寺に来て、「私たちはボン（私）のお父さん（実父）からお経を教えてもらっていたが、お父さんの急死でそれが中断してしまった。お坊さんになられたのだから、お父さんが教えてくださっていたお経を教えてほしい」と言ってこられました。私はずっと逃げ続けていましたが、三日にあげず交互にご婦人が寺に来られるのです。

三カ月ほどで私は根負けして「下手でもよかったら」ということで「正信偈」（親鸞聖人ご制作の『教行証文類』の「行巻」の最後にある偈文。真宗では一番よく拝読される）のお稽古を毎週日曜日夜八時から九時までの一時間ということで始めました。参加者は毎回十名前後ですが、休まず喜んで集まってくださるのです。この人たちが中心になり、仏教婦人会が結成されました。仏教婦人会の人たちの力で年に四回（報恩講、永代経、両彼岸会）の法座が、毎月二日間十二回開座することになりました。

本堂が復興した当初は、母の一番上の兄と、母の姉の主人の二人の叔父が交互に来てくださっていました。両人とも当時（交通の便があまりよくなかった）でも、北陸から九州の鹿児島まで巡回する大谷派の有名な布教使でした。小さい本堂ですが、いつも満堂でした。法座の時は、母にやかましく言われて聞いていました。中・高時代、中間テストや期末テストと重なって、落ち着かない気持ちでご法話を聞いていました。

毎月二日間（昼・夜）四座の講師は叔父たちの紹介で、遠く北海道から来てくださった方もありますが、多くは広島の方でした。中でも私が一番印象に残っているのは藤解照海師です。数年続いて来講いただきました。今考えても先生には申し訳ないことをしたと思うのは、昼座と夜座の間、食事の時以外は対座して質問し続けたことです。先生は大変お疲れになったと思います。また、先生は私に「直道」という『教行証文類』「総序」の文を墨書してくださいました。私は今も「直道」を座右の銘にしています。

婦人会の行事で本願寺（お西）の御正忌報恩講に毎年団体参拝していましたが、大型バス一台では足りず、二台に分かれて参拝しました。私は真ん中辺りの枚方でバスを乗り換え、バスの中で本願寺のことや、参拝心得を話していました。

また、婦人会で、一月末に新年宴会をしていましたが、この新年会に出席したいために会員になった人もあり、大いに盛り上がりました。歌ったり踊ったりはもちろんですが、当時の中高年の婦人方は、座布団一枚でにわか（即興の狂言）のような芸をして場を盛り上げてくださる方もいました。その光景が懐かしく思い出されます。

仏婦の毎週のお勤め（「正信偈」読誦）の練習会が、私の布教使としての原点になったのです。「正信偈」読誦の練習を始めて二年ほどたった頃から、読誦できても意味がわからないままでは面白くないから、一行ずつでもいいから、その意味を話してほしいとの要望が出てきました。私は「勉強不足で、話は堪忍してほしい」と断り続けましたが、毎回「ボン（私）のわかっているだけのことでいいから話してほしい」と言い続けられ、断り切れなくなり、私が読んで一番わかりやすいと思っていた金子大栄先生の『正信偈新講』を話す代わりに読んで聞いてもらっていました。そんなことで当座はしのいでいましたが、自分でも味気なく思い始め、金子先生の本を読みながら、自分の感想や味わいを入れて話すようになりました。

大阪は蓮如上人のご縁の深い土地柄か、真宗寺院は本願寺派（お西）だけでも八百五十五カ寺、大谷派（お東）はじめ他派も入れますと千三百カ寺ほどあります。当時は近くのどこかのお寺で法座が開かれていましたから、聴聞をする人は、近くのお寺にも出かけます。お同行（よくお聴聞をする念仏者）は、お互い口コミで近辺のお寺の法座の日をよく知っていて、真宗寺院ならどのお寺にでも、自分の所属寺と同じように聴聞に出かけました。私の寺の仏婦の方も、あちこちのお寺に聴聞に行き、ご法話の「中休み」にいろいろと情報交換をしました。その雑談に近い情報交換の中で、自分の思いを少し入れながら金子先生の本を読んでいるだけの私の話を「うちのボン（私）がいい話をしてくれる」と言いふらしたのです。

ある時、同じ組（本願寺派では全寺院を教区分けし、さらに組に分けて組織している）の先輩にあたる住職さんから電話で、「急なことで申し訳ないが、約束していた布教使さんから『急用が入って一日どうしても出講できない』と言ってきたので、君、明後日の一日だけ出講してくれないか」という話です。私は即座に「私は法話などしたこともなく、できません」と言いますと、「嘘を言うな。お前の寺の同行が、うちの寺に参ってきて、いつも話してるぞ」、「私の寺の同行がどんな話をしていますか」、「うちのボンはいい話をしてくれると、いつも言ってるぞ」、「私は金子先生の本を読み、自分の感想を少し付け加えているだけで、話はしていません」と言いますと、「それならそれでいいから、明後日の昼二時と夜七時の二座四席頼む」と、一方的に電話が切られました。

私は慌てて寺院名簿を調べて先輩のお寺に電話をしました。「もしもし、僕本当に話ができないのです。堪忍してください」と。すると先輩が「ごちゃごちゃ言わんと来い言うたら来い」、私は重ねて「僕、話ができないのです」と言いました。

私は高校時代、数学が得意科目で、先生が方程式の問題などを黒板に書き、「これが解ける者」と言われると、私はいつも手を挙げるのは一番でした。ところが、黒板の前に出た途端、顔が真っ赤になり、頭の中が真っ白になるのです。赤面症で恥ずかしがり屋だったのです。そんな私がよそのお寺で話せるはずがありません。それで必死の思いでお断りしたのですが、先輩は「お前も将来その寺の住職になるつもりなら、今、先輩のわしの言うことを聞いておかんと、先がどうなるかわかるか」と、脅迫です。

今は先輩・後輩の関係がどうなっているのかよくわかりませんが、私の若い頃は、特に運動部は、一つ違うだけでも「はい」と答える以外にない時代でした。私は結局「わかりました」と返事するしかなかったのです。それからが大変です。金子先生の『正信偈新講』のページを開き、ある一段をカード（縦十三センチ、横十八センチ、当時は学生がよく使った）四枚に一行おきにメモをとり、その間に自分の思いを書き、時計を前に置いて、一枚のカードごとに一人でゆっくり話す練習をしました。電話があった日に三回、翌日に五回、カード一枚で四十分をかけて話しました。

約束の当日も午前にもう一度練習し、カバンに聖典と四枚のカード、輪袈裟、念珠を入れて、白衣布袍で自転車に乗り、先輩のお寺に一時半頃に着きました。先輩も心配だったのか、道に出て待っていてくれました。挨拶をし、講師部屋に通され、しばらくすると先輩が「お勤めをしてくる」と本堂に行かれたので、早速カバンを開け、輪袈裟と念珠、聖典、カード四枚を出し、カードを順に目を通しました。一枚目は昼座の前席用、二枚目は昼座の後席。三枚目は夜座の前席、四枚目は夜座の後席。「これで何とかなる、落ち着け、落ち着け」と自分に何度も言い聞かせました。

お勤めを済ませた先輩が「自分のお寺だと思って気楽に話してくれたらいい」と言って本堂に案内してくださいました。ほぼ満堂の本堂で、演台の前に立つと膝が少し笑います。聖典とカード四枚を演台に置き、御文章（蓮如上人のお手紙集）の箱を開き、御文章をいただき（本願寺派の伝統的布教作法）、「聖人一流の章」を開き、聖典を開いて、これから話す予定の「正信偈」の一段を讃題としていただきました。ここまでは緊張している割にはスムーズにいきました。

「落ち着いて、落ち着いて」と自分に言い聞かせ、予定通り一枚目を練習通り話し、時計を見ますと、練習の時は四十分かかったはずなのに十分しかたっていません。十分では短かすぎて「ここで少し休ませていただきます」とは言えませんので、背に腹はかえられぬと、二枚目に入りました。時計を見るとまだ二十分しかたっていません。二十分でも一席としては短いので、やむを得ず三枚目に入りました。また時計を見ますと三十分。カードはもう一枚しかありませんから、「ここで少し休ませていただきます」と中休みにしましたが、十五分の中休みはあっという間です。後席は残った一枚を話し、後は「先ほども話しましたが……」と、前席の話を繰り返し、「御文章」を拝読して逃げるように講師部屋に戻りました。

しばらくすると先輩がビールとコップを持って「初めてにしては上出来や。あれでいい、あれでいい」と、私の前にコップを置いて「まあ一杯やれ」と言われるので、「ビールを飲むような気持ちになりません。まだ夜座もありますから」と私は断りました。

アルコールが大好きな私が、人に勧められてアルコールを断ったのは、後にも先にもこの時だけです。夜座のことを思うと、飲む気など起こってきませんのでお断りすると、「先輩が注ごうというのを断るのか、まあ一杯だけ飲め」と言われるので、やむを得ずコップを手にしますと、先輩はビールを注いでくださいました。いつもは美味しいはずのビールの味がしません。ゆっくり飲み干しますと、先輩が「もう一杯やれ」と言われるので、「一杯だけで十分です」と言いますと、「駆けつけ三杯といって、三杯は飲め」と命令口調です。もともと飲める方でしたから、結局一本飲みました。

先輩は私が一本空けるのを見て、「まだ逮夜参りが三軒残っているので相手はできないが、夜座までには時間があるから、横になってゆっくりしてくれ」と。私は横になるどころではありません。夜座のことを考えると、いてもたってもおられない気持ちです。夜座に何を話そうかと、考えれば考えるほど、頭の中が真っ白になり、夕食に何をいただいたのかもわからないぐらいです。無情に時間は過ぎ、夜座は何を話したのやら、逃げるように先輩の寺を辞し、帰路に着いたことです。

やっとわが寺が見える所まで戻りますと、人通りもない門前に、こちらを向いて立っている人影が見えます。それは母でした。私は母に「こんな夜中（夜十時頃、今の人の感覚では宵かも）に道の真ん中で何をしているの」と尋ねますと、母は「お前が初めて他寺にご法話に行ったが、ちゃんと話をしているかと思うと心配で心配で、お前の帰りを待っていた」と言います。母には強い私は「心配なんかしなくていい。ちゃんとお話してきた」と。母は「それならよかった」とホッとしたのか、笑顔を見せました。

普段着に着替えて母の注いでくれたお茶を飲む私に、母は「お前が寺を出てから、何をしても落ち着かず、夕方からは立ったり座ったり、出たり入ったりしていたが、一時間ほど前からずっと道に出て待っていた」と言いました。そして、続いて「夜座のお参りはあったのか」と問いました。

私の寺でも、昼座の話がつまらないと夜座は極端に参詣が少なくなることがありましたから、母はそのことを心配してくれていたのです。ところが、母のその言葉に答えようとした私は、夜座に参詣があったのかなかったのかさえ思い出せないのです。無人の本堂で話すことなどできませんから、参詣はあったのでしょうけれども、そのことさえ覚えていないほど、私の頭の中は真っ白になっていたのです。

先輩の寺からわが寺まで自転車で二、三十分ですが、私がずっと考えていたのは「どれだけ高額のお布施をいただいても、よそのお寺には二度とお話には行かない」ということでした。本当に辛く、苦しい体験でした。こんな話をしても誰にも信じてもらえないと思うほど、後には一年三百六十五日の中で、三百五十日ぐらい、日本の北から南まで法話に出ました。一日に二カ寺へ行くことがあり、延べ日数にすると一年、三百六十五日以上になります。このことは遊行期で話すことにいたしましょう。

先輩が「組内の住職の会合の中で、先日講師が急に断ってきた時に、あれ（私）に頼んだら、まああの話をしてくれた」と話されたようです。それから二カ月ほど後に、やはり同じ組内の住職から「講師の都合がつかないから来てくれないか」と電話です。私は「話ができませんからお許しください」と言うと、「あそこの寺に行って、どうしてうちの寺には来れんのか」と言われます。「どうして私が先輩のお寺に行ったことを知っておられるんですか」と尋ねると、「組内の住職は皆聞いて知っとる。今さら断るな」と強く言われ、その言葉に押し切られて、その寺にも行くことになりました。そうこうするうちに、月に二、三カ寺程度は出講するようになりました。当時は言うまでもなく「本願寺派布教使」の資格などありません。

また、忘れることのできないことは、私の生まれた古い下町には、お通夜に「阿弥陀仏の来迎図」をかけ、ご婦人数名でご詠歌（真言宗のものと思う）を唱える習慣がありました。私はお勤めの稽古の会の中にご詠歌の人もいましたので、話し合い、「阿弥陀仏の来迎図」を寺で預かり、お通夜では皆で「正信偈」を勤め、私の短い法話をすることにしました。いつの間にかメンバーは着物を揃え（母の一番上の姉が織元だった）、門徒式章をかけ、五、六名でお参りしました。

常例法座の時も仏婦の人たちが揃いの着物に門徒式章をかけ、内陣の前に横一列に並んでお勤めするようになりました。

㊓ 学習塾を始める

婦人会と同じく、私が自分の意思で学習塾を始めたのではありません。六歳下の妹や十一歳下の弟がいて自然に始まったのです。妹が中学三年になった頃、妹の友だち数人がお寺に来て勉強をしていました。それを私が時々横から覗いて指導していました。それが好評だったのか、お寺に勉強に来る子が多くなり、私も子どもの指導が面白くて週に三日ほどは指導していました。

そんなことが二、三カ月ほど続いた頃、いつも寺に来る子の母親が三人ほど来て、こんなに続いて子どもの指導をしてもらうのだからと、お礼を持って来られました。私は「暇つぶしでしているので、お礼なんてとんでもない」とお断りしたのです。しかし、無理やり「お礼」を置いて、お母さん方は帰られました。そのことが他のお母さん方にも伝わり、そのお母さん方も「お礼」を持って来られました。

「お礼」をいただくようになったら、指導も暇な時だけとは言えなくなり、曜日や時間を決めて指導するようになりました。いつの間にか口コミで、妹の友だちだけでなく、人が増え、とうとう「月謝を決めてください」ということになり、妹の学年だけでなく、下の学年の子も来ました。そんなことが大学の三回生の頃から七、八年（途中、日曜学校を始め、ブラジルに巡回した関係で一年間抜けました）続きました。

月謝は当時で一人五千円。多い時は生徒が四、五十人いましたから、小遣いに困ることもなく、大学院に進んだ頃には、学費やわずかですが家に食費を入れ、後に六畳一間のプレハブの小屋を建て、二段ベッドや机を置き、寝室兼勉強部屋にしていました。

学習塾は中学三年生を中心に英語と数学の二教科を教えていました。この学習塾の卒業生は、高校生になってからもよく寺に来てくれましたから、高校生の会もでき、その中の十名ぐらいが日曜学校を始めた時にリーダーとなって手伝ってくれました。そんな日曜学校のリーダーの仏教の勉強会も始まり、今考えても、その頃どう時間のやりくりをしていたのか思い出せません。

㋔ 日曜学校を始める

大学の三回生の時でした。山崎昭見先生の「教化法」という授業を受けました。その授業で強く私の心を打ったのは二つのことでした。

一つは、子どものご縁づくりに日曜学校が何よりも大切であるということ。

もう一つは、お寺にご縁のない人には「掲示伝道」が大切であるということ。

私は実父の残してくれたご縁で仏教婦人会を結成したのですが、日曜学校については全く無知でした。龍谷大学に宗教教育部というクラブのあることは知っていましたが、彼らがどのような活動をしているのか無関心で、ラグビー一筋でした。

私は山崎先生の熱のこもった授業に感動して、日曜学校を始めたいと思いましたが、どこからどう手をつけていいのかが皆目わかりません。気持ちだけあせっても、無知故にお手上げ状態でした。ある時、養父に代わって組内の僧侶の会合に出て、その時の自分の気持ちを話しますと、一人の方が津村別院（浄土真宗本願寺派別院、北御堂）に、児童教化を目的にした学生の「一光文化協会」というのがあるから、そこに相談したらいいと教えてくださったのです。

私はやりたいと思うとすぐにやりたい気質で、早速津村別院に行き、「一光文化協会」の方に会い、日曜学校を始めたいという自分の気持ちを話しますと、「月一回なら応援しましょう」といううれしい返答がありました。

「一光文化協会」は先輩方と学生が一つになって活動しておられたのですが、学生のトップが、五十数年を経た今も親しくさせていただいている恵我法海さんです。

早速、仏婦の方に応援してもらって、町内の子どもたちに案内しました。三十名近い子どもが集まり、「一光文化協会」のメンバーの方が毎月一回、二、三人来て、ゲームを中心に楽しい集いを持ってくださいました。

そのうちに、お寺に近い子どもの二十名前後が、毎日お寺に来るようになりました。初めは遊びに来るだけでしたが、せっかくお寺に来るのだからと、夕方四時半に本堂で『らいはいのうた』（七高僧の第一祖龍樹菩薩作の『十二礼』の和訳）をお勤めするようになりました。私がいる時は短いお話をし、いない時は『ほとけさまの教え』（全国青少年教化協議会編）という六度行（布施・持戒・忍辱・精進・禅定・智慧）をやさしく短文にした本を繰り読みしていました。仏教婦人会の集まりも子どもの集まりも、常に母が一緒にお勤めしてくれていました。そして時には、門徒の方からいただいたお茶菓子を子どもにそれぞれ異なるものですが、配布しました。今と違って当時は貧しい時代でしたから、子どもにはそれが嬉しかった面もあったと思います。

外陣の隅に、いつも来る子の名前を書いた大きな出欠表を貼り、一番年長の子が出席の印を押し、五十日来ると小さい合掌人形、百日来た子には大きい合掌人形をご褒美にしました。多い子は千日を超える子も数名いました。この一年三百六十五日続く子どものお勤めの様子を全国青少年教化協議会から毎月発行されている『おしえの泉』（児童教案第三十九号・一九六七〔昭和四十二〕年十月一日発行）に紹介されました。

話を日曜学校に戻しますと、学習塾に来ていた高校生十名近くが手伝い、後には大学生も手伝いに来てくれました。「一光文化協会」の方にお世話になったのは、始めの二年で、あとはその大学生・高校生の指導で日曜学校は運営され、夏にはその大学生・高校生で（二年だけですが）合宿をしました。一年目は彦根の琵琶湖近くの二階建ての立派な家を借りました。（大阪に店を出していたお同行の家）二年目は愛媛県長浜町（大洲市）のお寺でしました。行信教校（仏教の専門学校）の学生のお寺でした。大阪の天保山から船で松山に、松山から列車で行ったことは覚えていますが、合宿で何をしたのか、食事などはどうしたのかは全く記憶にありません。

日曜学校では年に一回発表会を行い、保護者も集まりました。大学生・高校生（リーダー）の影絵や童話、子どもは讃仏歌や童謡の合唱。お芝居も一カ月前からリーダーの指導で練習して披露しました。そのために二カ月ぐらい、リーダーの高校生は毎日高校からお寺に直接来て、自分たちの練習や子どもの指導をしてくれました。

日校生のお母さん方や近所の人も物心両面の応援をしてくださいましたが、私の友人（会社員、税理士、溶接工、とび職など）も金銭面の応援をしてくれました。

大阪市の子ども会の発表会が、中之島中央公会堂で開催された時、私の日曜学校はペープサートで参加しました。なんせ大舞台ですから、セリフは子どもがマイクの前で読み、畳一畳分近いペープサートは、リーダーが動かしました。その時の感動は、大阪市内の子ども会の子どもたちや保護者でいっぱいの公会堂に響き渡った拍手の大音量とともに、今も鮮明に覚えています。

日曜学校を始めて二年ぐらいでしたか、大阪教区教務所（津村別院内）から呼びかけがあって、大阪教区（大阪府下の本願寺派寺院の行政区）内の日曜学校の責任者が集まり、日曜学校の横の連携や日曜学校をより多くの寺で始めてもらうなどの目的で、大阪教区日曜学校連盟を結成しました。三十名ほど集まりましたが、年長者の人たちは、「若い人が中心になって活動を盛り上げてほしい、私たちはそのための協力は惜しみません」ということで、委員長に行信教校の利井明弘師、副委員長に私がなりました。

利井師はその翌年に日曜学校連盟を全国組織にしようと、本願寺の青少年教化担当の部門に働きかけ、全国組織を結成し、全国の委員長も兼ね、大阪教区は私が責任者になって活動を続けました。私は教区内のリーダー研修を津村別院で月一回のペースで、一泊二日で大学生・高校生十名ぐらいで始めました。講師陣は、長年日曜学校を続けておられるベテランの住職さんや坊守さんにお願いしました。

研修内容はほとんど忘却しましたが、今も鮮明に記憶に残っているのは、夜食に当時出始めたインスタントラーメンを参加者の二倍ぐらい作って、皆でワイワイと大声で論議しながら食したことです。私の記憶は何かにつけ、肝心要の内容より、飲み食いの方が中心です。お恥ずかしい限りです。

私より五歳年長の利井明弘師との出会いは、その後、彼の死（二〇〇三年、六十七歳）まで続きますが、私にとっては何物にも換え難きものでした。

私は博士課程に進学した年の一年休学をしました。利井師が「これからの日曜学校のあり方を考えるためにも、大阪だけ、本願寺派だけの狭い場で考えるのではなく、日本中の本願寺派は言うまでもなく、他宗派の少年教化のあり方も、その場に足を運んで学ぶことではないか」と熱く語りました。そして、できることならば海外のお寺にも足を運びたいものだと言うのです。「そのようなことを実現するために、どのような方法があり、期間はどのくらいの日数を考えているのか」と私が問いますと、彼は「影絵と童話とゲームをして巡回すれば、引き受けてくれる寺院は全国にある」と言いました。

龍大・京都女子大の宗教教育部では、今でも夏休みや春休みには全国の寺を巡回しています。私はそういうことに一切無知でしたから、ただ頷くしかありません。そんなことで、すべて利井師に任せました。期間は一年間で、影絵の練習のための合宿や準備期間に計四カ月、国内巡回が四カ月、海外巡回で四カ月。国内はマイクロバスで巡回する、と大筋は決まりました。メンバーは利井師が団長、副団長は私、他団員は大学生三名と決まりました。国内の巡回寺院は利井師がすべて手配し、海外については本願寺の海外部（現国際部）と相談してブラジルと決め、手配はすべて海外部に、九月から翌年三月の間でとお願いしてお任せしました。

一九六七（昭和四十二）年三月の彼岸後から翌年の三月の彼岸前に帰国ということで、まず団員の学生の人には一年休学してもらうために、親の了解を得ることから始めました。私は福岡と熊本の団員の親に了解を得るために九州に向かいました。夜行列車で博多に向かったと思いますが、その先はどのように団員のお寺に行ったのか、記憶喪失です。お寺に着いて団員の父親である住職さんに、どのようにお願いしたかは覚えていませんが、二人のお父さんの言葉は、今も鮮明に覚えています。

福岡のお父さんは布教使の方でしたが、机の上のピンクの筆箱を指さして、「男がピンクの筆箱を持っているのはおかしいと思うか。この筆箱には深いご縁があってね」と話し、「息子も親の知らないご縁があって団員に加えてもらったのだから、よろしく頼む」と、気持ちよく承諾していただきました。

熊本のお父さんは県会議員をしておられた住職さんでした。「私は地元の小学校の校長を退職して、自分ではこれからは住職一筋でと思っていたら、地元の人たちに薦められ、今は県会議員の職にあるが、これも自分を生かしてくださる大きなご縁の中で与えられたものだと精いっぱいつとめている。息子は息子でありがたいご縁をいただいたのだから、どうぞよろしく頼む」と言われました。

考えてみると、私自身も大阪の下町の寺に生まれ、よくわからないままに日曜学校を始めたことで、思いもかけなかった全国を巡回し、ブラジルまで行くことになったのです。ひとえに大きなご縁の中で生かされているという以外に言葉は見つかりません。

三月の末から五月の中頃までの合宿は、京都市右京区の本願寺角坊（親鸞聖人遷化の地）の裏に本願寺の二階建ての鉄筋コンクリートの建物（今はどうなっているのか知りません）を借りて、巡回の準備と影絵の練習をしました。食事は自炊です。利井師の父上・興弘師はご法話も天下一品でしたが、「味の上人」といわれるほど料理も上手な方でしたから、明弘師もいろいろな料理をしてくれました。今も記憶にあるのは、塩鯖と大根を大きく切って煮込んだだけのものでしたが、その味は忘れられません。

マイクロバスは兵庫のお寺の幼稚園で使っていた中古を安く譲ってもらい、五月中頃から八月お盆前までの巡回です。巡回地は北は山形から南は鹿児島まで回りましたが、印象に残っているお寺は、まず山形県鶴岡市の善宝寺。いっとき人面の鯉でニュースになった曹洞宗の大寺で、後継住職さんの洗練されたお姿とお話でした。

次は岡山県牛窓の真言宗の大寺でしたが、若い住職さんのお話です。お見合いの時に相手の女性（その時は奥さま）が、「仏教のわかりやすい本を一冊紹介してほしい」と言われ、結局『歎異抄』を紹介したと話され、「私は親鸞聖人のご縁で結婚できたのです」

と話してくださったのが印象的でした。また、岡山駅に近い日蓮宗のお寺にお世話になり、今でも新幹線からそのお寺の屋根を見るたびに、若き日のことを思い出します。お世話になった六割は本願寺派のお寺です。その半数近いお寺は後に布教のご縁をいただき、長いお育てをいただきました。

㋕ 初めての海外・船の旅

九月の中頃だったと思いますが、私たち五人は、アルゼンチナ丸という、当時ブラジルのサントスまで行く一万トンほどの貨客船で、神戸港を出ました。一カ月半ほどの船旅でしたが、私にとっては初めての海外への旅でした。今は直接日本からブラジルまで航行している船はありませんが、当時まだ移民する人や、移民した人の二世・三世の男性と写真だけのお見合いで嫁ぐ女性の方が何人かおられました。中には、この船は二度目という妊娠している人もいました。花嫁になるはずで半年ほど前の船に乗ったのですが、一カ月半もの船旅の途中で同船中の男性と親しくなり、懐妊したためにブラジルから強制送還され、今度は自費での渡航になったとのことでした。

なぜ船の旅になったのかといいますと、一九七〇（昭和四十五）年の三月十四日から九月十三日まで、大阪の千里でアジアで初めての「万国博覧会」が開催されることが決まっていたからです。当時、大阪府の知事さんは大谷派（お東）の住職さんでしたから、ブラジルで「万国博覧会」のＰＲをするということで、お土産として浴衣地や団扇などを大量に持っていくことになったのです。

神戸出港の時には母をはじめ、仏婦の方十数名が見送りに来てくれました。出港の汽笛の声に合わせ、地上から十メートルほどの高さの船の甲板からさまざまな色の紙の巻テープを下の見送りの人に向けて投げ、それを見送りの人がそれぞれ拾います。船がゆっくりと波止場を離れ、テープが延び、見送りの人の声が聞こえなくなりますと、私たちの目には自然と涙がこぼれてきます。自分の涙に気づいたのは、見送りの人たちの姿が視界から消えた頃でした。その時のことは今でも時々思い出します。

船は横浜、そして房総半島の沖を経て太平洋へと出ます。黒潮を横切る時、船は大揺れに揺れ、多くの人が船酔いに悩まされました。私も二日間ほどベッドから離れられないほど酔いました。私は利井師との二人部屋でしたが、利井師はどういうことか、あまり船酔いしませんでした。船酔いはこの一度だけで、その後は一切船酔いしませんでしたが、上陸すると身体がしばらくフラフラします。

船はハワイ、ロサンゼルスに入港し、パナマ運河に向かうのですが、その時一番印象に残ったのは、頭で知っていた太平洋の広さ（知識）と、身で知る広さ（直覚）の違いです。太平洋の広いことは世界地図でよく知っていたつもりでしたが、実際に太平洋の真ん中に身を置いて直覚した太平洋は全く違います。何日も海しか見えない風景の中に身を置いて、自分というものの小ささと、この身命（いのち）を生かしてくださっている世界の大きさを直覚できたことが、私にとって船旅の最大の収穫だったと思います。

ハワイまでに一度、日本に向かう船影を見ました。日本を離れて数日しかたっていないのに多くの人が甲板に出て、人の姿など全く見えず、米粒ぐらいにしか見えない船に向かって大きく手を振り続けました。

また、今日の〇時〇〇分頃に赤道（船旅に退屈し始めた私たちを紛らわせるために北回帰線を赤道と虚言したのだろうか？）を越えますとアナウンスがあり、その日は甲板で乗客全員の「赤道祭」という大宴会がありました。また多くの人が船べりから、見えるはずのない赤道を見ていました。私はその多くの人の中に身を置きながら、普段は思いもしなかった人間の隠れた一面を見たような気持ちになりました。

パナマ運河を渡った経験も、私には忘れられない思い出となりました。運河を太平洋と大西洋を結ぶ大きな河と思い込んでいましたから、船が丘を越え、山を越えるように上がり、そして下りていくのを甲板から見ていて、地理は私の得意学科だったのですが、これも頭の中だけで、身ではわかっていなかったことに恥じ入るばかりです。

パナマ運河がどのようになっているのか、蛇足かもしれませんが記しておきますと、私の記憶では、縦五百メートル、横五十メートルほどのプールが階段状に繋がっていました。上りはまず海面と同じ水位のプールに船が入ると後方の扉が閉まります。プールの水位が次のプールと同じ水位まで上がると、前方の扉が開かれて船が進みます。すると後方の扉が閉まり、また次のプールと同じ水位まで上がると、前方の扉が開かれてというように、上段のプールへと船が登っていくのです。下りは船が入ったプールの水位を下げながら降りていくのです。私は飽きることなく、その様子を見続けました。

大西洋に入り間もなくキュラソー島（オランダ領）に入港しました。下船が許されたので、船員（船中のバーのマスター）に、コンチネンタルホテルには、日本にないカジノがあると聞いて、利井師と二人で早速行きました。

広いロビーのソファーには、日本では見たこともない豪華なドレスを着た青い目の美女がずらっと座っていました。まるで物語のシンデレラが集合したようで、私は恐ろしいものでも見るかのように、横目でチラチラ見ながら急いで通り抜け、カジノに入りました。私はもの珍しく、キョロキョロするだけでしたが、利井師はトランプの賭博に賭け、少し勝ったようです。帰りにはロビーの女性は少し少なくなっていたようです。船に戻り、船中のバーに飲みに行き、ロビーにいた美女の話をすると、船員は笑って「カジノで勝った人を待っている女性たちだ」と教えてくれました。

ベネズエラのカラカスに入港した時は、団員五人全員で港町を歩きましたが、繁華街の入り口にはライフルを持った兵士が立っていて、街には入れてくれませんでした。兵士の姿を見るのは小学生の頃に見た米兵以来で、早々に船に戻りました。

「井の中の蛙　大海を知らず」で、見るもの見るものが驚きの連続でした。ただ船旅で一番よかったのは、食事が豪華だったことです。その頃は、まだまだ貧しい時代でしたから、和食なら二の膳、三の膳がつき、洋食ならフルコースの食事は何よりの楽しみでした。

食事の話が出たので、話しておきたいのは、船が大揺れに揺れた時の食事のことです。まず自室を出て食堂まで行くのが大仕事です。右に揺られ、左に揺られ、右の壁にぶつかり、左にぶつかり、食堂には椅子はありません。固定されたテーブルに、十分に水を含ませた白のテーブルクロス、底が平面でピッタリ着いた、底の深い食器の中のご馳走。片手でしっかりとテーブルを持ち（テーブルを持つ手がゆるむと、食堂の壁に思い切り身体をぶつける）、もう一方の手で直接料理を掴んでいただくのです。美味しい、美味しくないなどと言っておれない。口に入れるだけで疲れ果てるのです。

㋖ ブラジル巡回

船が南米第一の都市、サンパウロの海の玄関サントスに着いたのは十月の半ばでした。南米では春の盛りです。入港してから税関を通過するのが大変でした。朝から夕方までかかりました。誰に教えられたのか忘れましたが、「ブラジルはワイロの国だから、それだけは忘れるな」と。また、ある人は「海外には穴の開いた銭がないから、日本の五円玉は珍しがられて喜ばれる」と教えてくれました。それで五円玉をたくさん持っていきましたが、実際にはあまり喜ばれませんでした。

船客はそれぞれたくさんの荷物ですから、時間がかかるのはやむを得ないことですが、ワイロが少ないと検査に時間がかかります。一人の若い女性でしたが、ワイロが少なかったのか、パンティーを詰め込んだ大きな段ボール箱を開かれ、赤や青や紫と、いろいろのパンティーを一枚一枚放り上げるように検査台の上に出され泣いていました。周りの人は皆、伏し目がちに、その様子を見るしかありませんでした。

私たちが本願寺派伯国（サンパウロ）別院に着いたのは、日が落ちる頃でした。ブラジルは暑い所だという先入観がありましたが、確かにアマゾン河の流れる北の方は暑いようですが、ウルグアイに近い南の方はリンゴができる地域で、日本でいうと、東北地方に近い気候です。サンパウロは八百メートル前後の高地ですから、気候的には過ごしやすく、人口八百万人の大都市で、当時の大阪よりもビルも多く、私には全く違和感のない街でした。

伯国別院も、日本で言えば今の神戸別院ぐらいの規模の大別院です。私たちのサンパウロでの宿泊は、南米開教総長を兼ねる輪番役宅でした。別院には仏教青年会があり、会員の人たちとは年齢的にも近いので、すぐに親しくなりました。パウロ君やマリアさんたちですが、仏教徒であるはずの青年たちに皆クリスチャンネームがついているのです。しばらくしてわかりましたが、ブラジルはポルトガル領でしたから、公用語はポルトガル語、国教はカソリックなので、日系人も幼児洗礼を受けて、日本名以外に、皆クリスチャンネームで呼び合っているのです。始めは少し違和感を覚えましたが、慣れたら本名よりそちらの方が呼びやすく、私たちもクリスチャンネームで彼や彼女たちに話しかけ、親しくなり、マリアさんとは彼女が亡くなる五年前（二〇一五年）まで互いに物（私は自著）を送ったり、文通をしていました。

マリアさんの日本名は河野美津子ですが、彼女は日本に華道の勉強に来て、僧籍も得て、数年間本願寺のブックセンターに勤めていましたから、私の妻や娘も親しくさせていただいていました。ブラジルに帰られて数年後、いつものように私の新著を送りましたら、妹さんから電話があり、「姉が亡くなりました」とのことです。マリアさんは私より二歳年長でしたが、帰国前に京都駅前で妻と三人で食事した時、元気に別れたので驚くばかりで、十分な言葉も出ず電話を切ってしまいました。今も時々マリアさんのことを思い出します。

私たちのブラジル巡回は十一月の始めから一月まで、サンパウロを中心に二十カ寺ほどでしたが、なんせ国が広いので移動に時間がかかりました。バスを利用したのですが、高低差はあるものの日本では経験したことのない真っ直ぐな道路を高速で五、六時間かけて目的地に着くのです。どのお寺も本堂と、本堂より大きな会館と開教使さんとその家族の住宅があります。本堂はもちろん全部椅子形式ですが、日本でも法要ごとに本堂の横面には法要懇志が「金○千円・施主○○」と、縦長の紙に書いて張り出されていましたが、ブラジルのお寺では「牛一頭」、「豚三頭」、「鶏十羽」等とありました。それを見て、私たちはビックリしましたが、その理由はその日のうちにわかりました。

お寺に着くと、開教使さんや総代さんへの挨拶もそこそこに、本堂の本尊阿弥陀さまの前をはずして影絵の舞台を組み、準備をしてコーヒーをいただいている間に、本堂は老若男女の日系人で満堂です。数は少ないですが、その中には顔色や目の色の違う人もおられました。まず、開教使さんの調声で参詣の人たちと「正信偈・和讃」の勤行、開教使さんと総代さんのご挨拶に続き、ご法話（利井師と私の担当）、そして影絵（私は照明係）、ゲーム、童話と続き、二時間ぐらいで終わります。影絵の演目は宮沢賢治（一八九六～一九三三）の「よだかの星」でした。脚本は利井師、影絵のデザインは、私が掲示伝道で知り合った工業デザイナー（西ベルリンでのコンクールで銀賞に輝いた人）に無料で描いてもらいました。ゲームや童話は団員の三人が交互にやりました。その後、私たちはしばらく休憩です。その間に総代さんや婦人会の人たちが、本堂より大きい会館でパーティーの用意をしてくださるのです。

パーティーにはシュラスコというビフテキのような牛肉を四、五枚、長さ六十センチくらいの竹串に刺して焼いたもの、子豚の丸焼き、鶏と野菜の炒め物、そして焼き飯や果物などがテーブルに大盛りに並べられています。ビールの乾杯で始まり、パーティーは大いに盛り上がりますが、私たちが困惑したのはハエの多さです。食べ物はすべてハエで真っ黒です。ビールも飲んですぐにコップを手で蓋をしないと真っ黒になります（今のブラジルはこんなことはないでしょうが、当時はどこもこうでした）。ビールのコップをテーブルに置くと同時に左手で蓋をし、右手で真っ黒になった大皿の上のハエを払って食べ物を口に入れ、急いでビールを飲む、の繰り返しです。

地元の人たちはハエが寄りつくのは美味しい証拠だと言って、ハエを気にすることなく、楽しく会話が弾みます。少し慣れてくると私たちもそれが平気になりましたが、初めの頃は本当に困惑しました。

どこのお寺でも日本から若い者が来たということで大歓迎され、話のきっかけは出身地を聞かれることから始まります。同郷の人がいると話は大いに盛り上がります。大阪は商人の街というイメージが強く、口が上手く、金銭感覚が強く、油断できないと評価されがちでした。広島や山口県人が一番多く、続いて熊本県でした。どのお寺であったかはよく覚えていませんが、熊本出身の団員が熊本県人会から小さなワニの剥製を贈呈されました。後日、私が思うのは、あの時私の戸籍が広島だったら、もっと凄い物を貰えたかもしれないということです。欲の深さに我ながら驚きます。

今でも忘れられないのは、サンパウロから少し奥地に入ったお寺のことです。それは日本から入植した一世の人たちが開墾した広々としたコーヒー園に囲まれた中に、日本のお寺と同じ様式の九間四面の本堂と、本堂と同じぐらいの大きな会館のある立派な大寺でした。ところが、そのお寺には専任の開教使さんがおられず、四、五十キロ離れた隣寺の開教使さんの兼務です。事情を聞いてわかったことは、日本人の教育熱心さにその理由があるのです。大変な苦労で広いコーヒー園を開墾され、立派な大寺を建てた一世の人たちはさらに苦労を重ねてご子息を大学に入れました。大学を出た多くのご子息は、医師や弁護士などになり、コーヒー園を継ぐ人は少なく、一世も高齢化し、コーヒー園を離れる人が出てきて、今ではこの大寺の周りにいた日系人が少なくなり、開教使さんも専従できなくなったということでした。

ご子息の住むサンパウロなどの大都市に移った高齢者の悲劇はポルトガル語があまりできないことです。テレビを見ても、ラジオを聞いても、言葉がよくわからなくて面白くありませんし、慣れない土地で文字通り寂しく晩年を送ることになる人が多いとのことでした。今の日本の山村も、大学を出た若い人が都会に住み、一人暮らしや老夫婦だけの家が多くなっていますが、ブラジルではその現象が短期間で起きたのです。

私たちの巡回は、日本から多くの人がブラジルに渡った終わりに近い時代でした。今はブラジルから日本に働きに来られるのですから、この五十年の世界の動きの速さに驚きながら、改めて激動の時代を生きてきたわが身を省みるこの頃です。

私たちは開教使さんの案内で今のブラジルの首都ブラジリアに行きました。今は立派な大都市になっているようですが、私たちが行った頃は、道路ができて街の区画はできていましたが、建物はまばらでした。仏教教団では唯一本願寺派に土地が割り当てられていて、「将来、ここに別院が建立されます」と教えられた広い空間を見て、新しい別院を想像したことも忘れることのできない思い出です。

ブラジリアでもう一つ忘れられないのは、大統領府に案内してもらったことです。建物などについては全く記憶にありませんが、鮮明に覚えているのは、日本から来た人のための立派な和紙の記帳簿のことです。館内を案内してくださった人が、「是非皆さんも記帳してください」と記帳簿を開き、墨と筆を出されました。本来なら団長である利井師が筆を執るところですが、師は「わしは墨書は苦手や、お前書け」と筆を私に渡しました。私も墨書に自信はありませんが、筆を持って皆の見る前で緊張し年月日に続いて「僧伽巡回団、団長利井明弘、副団長、団員名」を書いてため息をつくと、利井師は

「それでいい」と言い、案内してくださった人から「ありがとうございます」と礼を言われ、私も少し気持ちを落ち着けて、自分の書いた頁をゆっくり見て、見開きの右隣の頁を見てびっくりしました。隣は、達筆な「三笠宮様」でした。皆も落ち着いて両頁を見比べて笑いましたが、私は自分の字の下手さに悲しくなりました。

巡回は一月末で終わりましたが、せっかくブラジルに来たのだから、世界でも有名なカーニバルを見て帰ろうということになりました。カーニバルがどんなものか、私にはよくわかっていませんでしたが、十二月に入ると巡回中どこでも学校や体育館の近くを通ると賑やかな音楽（サンバ）が聞こえ、何となく皆が浮き足立っているようです。カーニバルは年によって日は少しずつ変わるのですが、二月の末の三日間です。

カーニバルまでの間、仏教青年会の人が交互に来てサンパウロの名所を案内してもらったり、世界一というイグアスの滝を見に行きました。私はブラジルに三回行きましたが、その都度イグアスの滝に行き、一度はヘリコプターで滝の全体を見ました。その偉大な風景に頭が下がりました。私が風景に頭の下がったのは、ヒマラヤのエベレスト山とこのイグアスの滝の二カ所だけです。

本当はリオのカーニバルが見たかったのですが、この時はサンパウロでした。二月二十七日だったと思います。仏教青年会員の案内でカーニバルのパレード会場に行きますと、道路の両側には十段以上ある観覧席があり、ものすごい人出です。観覧席と観覧席の隙間もぎっしりの人で、皆パレードの音楽に合わせて踊っています。

たくさんの警察官が警備にあたり、馬に乗った儀仗姿の警察官が交通整理にあたっています。日本では経験したこともない晴れやかな雰囲気です。多くの人出で、飛び上がってもパレードが見えません。仏教青年会員の一人が警察官と何か話し、お金を渡しますと、警官の態度が急に変わり、ニコニコしながら人混みを分けて観覧席の中段のいい席に二人ずつ、飛び飛びに席をとってくれました。私たちと仏教青年会員が男女ペアでゆっくり夢見るようにカーニバルを堪能しました。

大観衆の中でワイロをニコニコ受け取り、観覧席の一番いい席を、先に座っている人を詰めさせて席を取ってくれる警察官に、誰も文句一つ言わず従うのには驚きましたが、その行為を見ながら喜んで観覧席に座って、無邪気にカーニバルを楽しんだ私たちも、よくよく考えてみるとかなりおかしかったと、後で少し反省しました。

㋗ 帰国の途と帰国後

三月の初めに、帰路はサンパウロ空港からフロリダで乗り換え、ニューヨークに行きました。宿泊はニューヨーク仏教会でお世話になりました。この会館の入り口には広島で被爆された親鸞聖人の銅像があります。広島にあったこの聖人像は、一九四五（昭和二十）年八月六日の原子爆弾で傷ついたものを、敗戦後、世界平和を願って移されたそうです。

ニューヨークではマンハッタンでウインドーショッピングをし、フランスから独立記念に贈られたという自由の女神像に登りました。像に登るといってもピンとこない人が多いと思いますが、女神像は大きなものですから肩の辺りまでエレベーターで上がり、そこから王冠の所までは階段です。王冠の枠と枠の間が窓になっており、大西洋が見えます。一周するとニューヨークの全体が見え、全員が子どもに戻ったように窓を順々に見ながら、当時の日本では見ることのできない高層ビルの建ち並ぶ美しい街並みをぼう然と見ていました。

利井師はニューヨークに来たからにはブロードウェイでオペラを見ようと言いまし

た。私は言葉が十分に理解できなくてもわかるプロレスをマディソンスクエアガーデンに見に行きたいと言いました。

私が中学校に入った頃から、裕福な家庭には十四インチの白黒テレビがありました。その頃プロレスの全盛期で、力道山のことが学校でも話題の中心でした。わが家にはまだテレビはありませんから、電器店の前で立ち見をしたりしましたが、プロレスの中継が始まると、電器店の前は子どもだけでなく、大人も多数集まり、店前に行くのが少し遅れると見れません。時には自転車の荷台に立って、大人の後ろから見たことさえあります。隣の家にテレビが入ってからは、昼のうちに隣のおばさんに頼んでおいて、夜八時のプロレスの時間になると家を抜け出し、隣に行きました。おばさんは、お寺のボン（私）が来るからとテレビの真ん前に座布団を敷き、茶菓子まで用意して待ってくださいました。母が毎週金曜日の夜に隣家に行く私を見て、一年ぐらいして、わが家にテレビを置いてくれました。

プロレスの時間は私が大将になって、毎週見ていましたが、そのプロレス中継の中で、ニューヨークのマディソンスクエアガーデンの名が常に出ていましたから、私の頭の中にはニューヨーク即マディソンスクエアガーデンが染みついていたのです。

多数決の結果、残念なことにブロードウェイにオペラを見に行くことになりました。ブロードウェイでも一番立派な劇場に入りました。日本の男優が一人出ていたことだけは覚えていますが、内容は全く記憶にありません。言葉がよく理解できず、疲れもあって、私は居眠りがちでした。時々眼を開いて横を見ると、隣も居眠りしています。夕食時に話していると全員私と同じような状態であったようで、互いに「お前寝てたやろう」と言い合い、全員が苦笑したことです。

ニューヨークからロサンゼルスに飛び、二泊ほどしました。ロサンゼルス別院は私たちがお世話になった二、三年後に建て替えられましたが、立派な別院でした。郊外のお寺も案内してもらいましたが、一番印象に残っているのは、広い広い駐車場の真ん中にお寺が建っている風景です。当時の日本では駐車場がある寺院はほとんどありませんでしたから、私だけでなく皆驚きました。

さらにハワイに立ち寄り、ホノルルのハワイ別院でお世話になり、ワイキキの浜辺や街のあちらこちらを案内してもらいましたが、私が驚いたのは街路樹のヤシの木に一つも実がないことでした。開教使さんにそのことを話すと、「もしヤシの実が歩いている人に当たったりすると、裁判でホノルル市が高額の賠償金を払うことになるので、道路を管理する人がヤシの実を見つけ次第切り取るのだ」とのことでした。日本も今は何かあると裁判ですが、当時の私たちには全く気の付かないことだったので、今でも鮮明に記憶しています。

三月のお彼岸前に帰国した私たちは、数日後には以前の生活に戻りました。一年休学した博士課程に復学しましたが、あまり授業には出ませんでした。博士課程在学中の思い出は中西智海先輩と一緒に研究発表をしたことです。研究発表の世話をしてくださる助手の先生が私に、「真宗学の教授は全員列席され、質問されるから、学問的にきちっとした発表をしないと駄目だよ」と言いました。あまり授業に出ていない私のことを思ってのご注意だったのでしょうが、私は馬鹿にされたようで不愉快でした。

私の研究発表は「信心における時」でした。京都大学の西谷啓治先生の「親鸞における時について」という論文に刺激を受けて、私は善導大師の「二種深信」を時間的に考察したのです。先生方もあまり「時の概念」で御文をいただく習慣がなかったのか、質問はほとんどありませんでした。

続いて中西先輩の研究発表でした。発表内容は全く記憶にありませんが、先生方は私の発表をふまえて、中西先輩を質問攻めにしました。私は中西先輩が気の毒でした。このご縁があって、中西先輩は終生私のことを気にかけてくださいました。中西智海先輩は後に相愛大学の学長になられ、本願寺派の勧学になられました。

寺に戻った私は、四月から仏教婦人会の毎週の集いを再開しました。日曜学校は行信教校の学生さんや塾出身の大学生・高校生のリーダーが休まず続けてくれました。毎日夕方の子どものお勤めも、母やリーダーの人のおかげで休まず続いていました。

塾も再開し、大阪日曜学校連盟の副委員長として、津村別院に通う日々が始まりました。ブラジルから帰って新しく始まったのは、お寺のない新しい住宅地の公民館で、子ども会（実質は日曜学校）を始めたことと、私にアルコール（当時はビールとウイスキー。今は日本酒）の飲みぐせがついたことです。

まず、隣の町の住宅地で始めた新しい日曜学校について話しましょう。私のお寺から百メートルほど東側に大川（旧淀川）と寝屋川を結ぶ城北運河があります。川の東側には大きな倉庫が並び、その東側は一面の田畑でした。その一面の田畑に市営住宅が建ち始めたのは、私が高校に入った頃からで、いつの間にか田畑はなくなり、たくさんの住宅が建ち並び、公民館や商店街もできていました。

本願寺派でも都市開教が課題になってきた時代です。千里に大きな住宅団地ができた時、大阪教区は幼稚園を設立しました。そんな流れの中で、日曜学校連盟でも新しい住宅地に日曜学校を設立しようという話になりました。会議のたびに話は出るのですが、誰が責任を持って開設するかということになると、皆自分の寺の日曜学校の運営で手一杯なのです。そんな中で、私が新しい日曜学校を開設することになりました。

早速、公民館に使用願いに行きますと、「宗教色を強く出さないのなら」ということで使用許可が出て、私の日曜学校の大学生・高校生のリーダーと話し合い、リーダーを二チームに分けて日曜学校を開くようになりました。私は自転車で、お寺と公民館を往復しました。お寺のある古い下町と、新しい住宅地の違いは、新しい住宅地の方は両親が勤めている家が多いことです。ですから、公民館の日曜学校の子は、放課後直接お寺に遊びに来ました。お寺の日曜学校の子は自宅の近くで遊び、四時半になったら走って来てお勤めをして帰りますが、公民館の日曜学校の子の中には、夕暮れまでお寺にいました。寂しがり屋さんが多かった印象が強く残っています。

㋘ 掲示伝道

お寺にご縁の少ない多くの人に、掲示伝道が大きな働きかけになると教えられ、私は日曜学校と同時に掲示伝道を始めることにしました。

横四十七センチ、縦六十センチの掲示板を五枚作り、上の枠に寺の名、下の枠に寺の住所を書き、通りに面したご門徒の家に頼み設置しました。お寺の門の横には大きな掲示板を立て、計六カ所で掲示伝道を始めました。言葉は『掲示伝道集』や、自分が読んだ本の中で「いい言葉だな」と思ったものをメモしておいたものを、大きなカレンダーの裏面に墨書し、毎週順送りで回し張りしました。

博士課程に入り、ブラジルから帰った私には、夜は塾や飲み会で忙しくても、昼の時間は十二分にありました。大学には週に数日ラグビー部の指導に行くだけで、あとは日曜学校の子どもの相手をするぐらいで、毎日が休日という生活でしたから、週に一回、掲示する言葉を選び、下手な墨書をして、六カ所の掲示板を自転車で回れば、二時間もあれば十分です。その頃、大工仕事が好きで、暇さえあればゴソゴソと本立てや犬小屋など身の周りのものは自分で作りました。

掲示伝道は思っていた以上に町の話題になったり、時には法語の意味を尋ねに来る人もいました。掲示伝道で今も忘れられないことが二つあります。

どちらも奈良に向かう国道のバス停の前にある門徒宅のものですが、一つは隣町にあった「椿本チェーン」という地元では当時一番大きな会社の社内誌に掲載されたことです。同社に勤めるご門徒が、「ボン（私）これ見てみ」と大判で上質紙六十頁ぐらいの立派な社内誌を持ってきて見せてくださったのです。そこには毎日バス通勤をしている人の文章が掲載されていて、「ここや」と指さしてくださったところを読みますと、大体次のようなことが書かれてありました。

毎日満員のバスで通勤していて苦痛でしたが、ある日〇〇バス停の前の掲示板に気づき、それからはその掲示板の言葉が変わるたびにメモを取り、帰宅後、家族で話題にしたり、布団に入りじっくりと味わったり考えたりしています。同じバスで通勤する皆さんも〇〇バス停の前の掲示板をぜひ見てください。おすすめします。

私はこの文章に大きな力をいただき、冬の寒さ、夏の暑さ、雨の日も晴れた日も、週に一度は休まずに掲示板の張り替えを続けました。

もう一つは夏の暑い日、私はランニングシャツにステテコ姿で、いつものようにゴソゴソと大工仕事（ノコギリと金槌を使って工作する程度のこと）をしていますと、三十過ぎの見たことのない紳士が訪ねて来ました。初めて見る人でしたので、紳士は私の姿を上から下まで見て笑みを浮かべて、「バス停の前の掲示板の言葉を書かれているのはあなたですか」と言われるので、私は掲示板の法語の意味でも尋ねに来られたのかと思い、法語の説明をし始めました。すると紳士は「言葉の意味は私なりに理解できますが、あの字を書いているのはどんな人かと思って、掲示板のある家の方に聞いて寄せてもらったのです」と言われたので、「あの字を書いているのは私です」と答えると、「あなたの字ですか」と言いながら、また私のランニングとステテコの姿を上から下まで見て、「安心しました」と言われたのです。
私はその紳士の言葉がよく理解できなかったので、「安心したとはどういうことですか」と尋ねますと、初めて会ったその人は、

私は工業デザイナーをしている者で、看板や掲示板の形や字が気になるのです。この近くにも仕事の関係でバスを利用してよく来るのですが、失礼なことを言うようですが、あの掲示板の言葉はどう考えても成人向きなのに、字はどう見ても無邪気な子どもが書いているような字なので、どのような人が書いているのか、いつも興味深く見ていました。それで今日は思いきって訪ねて来ました。あなたに会って納得もし、安心しました。

と言われました。私は褒められているのか馬鹿にされているのか複雑な気持ちで聞いていますと、その紳士は続いて、

あのような深い意味を子どものような無邪気な字で書く人が想像できなくて訪ねて来ましたが、あなたに会って今の姿を見て、なるほどと納得できました。全く悪気などありません。不愉快な思いをされたのなら許してください。私は本当になるほどなぁと納得し、安心したのです。

と頭を下げられるのです。私はますます複雑な気持ちになりましたが、わざわざ訪ねて来てくださったお礼を言い、名刺もいただき、お仕事など聞いていて驚きました。その人は西ベルリン（三十年前までベルリンは東西に分ける高く厚い壁があった）の工業デザイナーのコンクールで銀賞に輝いた人だったのです。その後親しくしていただいて、ブラジルに行く時の影絵のデザインを無料でしてもらったのです。人と人の出会いはどこにあるかわからないものです。

㋙ 酒の味を知る

酒は大学に入り、クラブの新入生歓迎のパーティーなどのコンパでは飲んでいましたが、普段は全く飲んでいませんでした。それが毎日のようにアルコールを飲むようになったのはブラジルに行ってからです。

ブラジルに行って驚いたのは、水を買うということでした。その水も「アクア・リンドイア」といって炭酸水のようなものでした。その当時、日本で水を買うようなことはありませんでした。お金を出して水を買うのに強い抵抗感があり、また水とビールの価格があまり変わりませんから、のどが渇くと水よりビールを買って飲みました。

ブラジルではどのお寺での歓迎会もビールパーティーでしたから、文字通りビールを水のように飲む習慣がついてしまいました。また、日曜学校を始めてから、近所の年齢の近い友だちが資金援助をしてくれたり、飲み会に誘ってくれることが多くなりました。私自身も日曜学校を手伝ってくれる学生を連れて、日校生の親がやっている関東煮屋に行くことも多く、たまに飲みに出ずに横になって本を読んでいると、従兄弟が深夜に誘いに来るという塩梅で、毎夜飲み歩くようになりました。

飲むのは歩いて行ける地元が中心でしたが、時にはタクシーで少し離れたバーなどに足を伸ばしました。桜の頃は造幣局の桜を見ながら野外パーティーをしたり、よくお金と身体が続いたものだと思います。

現代の人にはどうしても理解してもらえない馬鹿なこともしましたが、今となっては懐かしい思い出です。ある夏の夕べ、隣の兄弟（兄は十五ほど年長、弟は二年先輩）と私の三人がタクシーに乗り、梅田の百貨店の屋上ビアガーデンに飲みに行きました。その時の服装が三人とも、今なら到底許されないステテコに毛糸の腹巻き、雪駄姿でした。

飲みに出ると帰りは夜半の一時、二時です。忍び足でなるべく音のしないように、静かに自分の部屋に入って寝るのですが、翌日の昼食の時に、母が「今朝は○時やったな」とだけ言って、小言めいたことは全く口にしませんでした。友だちや日曜学校の学生と寺でも月に三、四回飲み会をしましたが、母はグチひとつこぼすことなく飲食の用意や片付けをしてくれました。今でもニコニコ皆に接してくれた母の顔を思い出し、涙のこぼれそうな感慨を覚えます。

㋚ 生まれた寺を出る

仏教婦人会も日曜学校も掲示伝道も、そして学習塾も友人関係もすべて順調にいっていました。順調にいけばいくほど気になるのは自分の将来です。

養父は私のやることに一切関わることも、口を出すこともありません。私は養父と「私の将来をどう考えてくれているのか」を話し合うこともなく、時だけが過ぎていきました。仏教婦人会の会長さんは私の将来を心配して、私の嫁になる人を具体的に勧めてくださるのです。

今では二十六、七歳で結婚を急ぐ人は少ないと思いますが、当時の下町では中学校を出て就職する人も多く、二十五歳までに結婚している人が多かったのです。私は結婚よりも、将来の身の置きどころが明確にならないことの方が気になっていました。そんな私の気持ちなどは全く関知する気配を示すことなく、一日の「逮夜参り」が済むと、養父は毎夜どこに行くのか外に出て行きました。私はそんな養父を見ながら、「この寺は弟に任せて、自分は寺を出る方がいいのだ」と考えるようになりました。そんな自分の考えを母にも話しましたが、母は困ったという顔をしたものの、そのことについて「いい」とも「悪い」とも言いませんでした。

そんな私のどこか浮ついた気持ちは、口にしなくても周りに伝わるものです。だから婦人会の会長さんは私を寺に引き留めようと結婚の相手を見つけては勧めてくださるのですが、小さな寺に妻を迎えるような場所はありません。妻を迎えるとなると建て増しの必要がありますが、住職である養父の許しなしに建てることもできませんし、自分で建て増す力もありません。

私の収入は塾だけで、あとは出ていくばかりで貯金は皆無です。いくら物事が順調に進んでいても、自分の足元が定まらないのですから、私の将来に対する不安は日毎に深くなっていきました。私はそんな不安をなるべく友人に見せることなく、時々大学に顔を出し、やることはやりながら、夜は友達と飲み明かす日々でした。

学友の中に本願寺（お西）のことに詳しい人がいて、一緒に宗派の資格試験も受け、本願寺に勤める気もないのに、私は宗務員資格、さらに布教使になるつもりもないのに短期の布教使研修を受けて、布教使資格を得ました。その上、殿試（本願寺派の学階試験）を受けて輔教にもなっていました。布教の実演試験で褒めてくださったのは松野尾潮音先生で、「身近な話材がよかった」との講評でした。山本仏骨先生からは「君の話は大阪以外では通じない」と言われました。私には一九八〇（昭和五十五）年頃からの漫才ブームが幸いして、後に全国各地にご縁をいただきましたが、「先生の大阪弁がやわらかく、ユーモアがあっていい」と喜ばれました。

昔の女性がお嫁に行く前に、茶道や華道の資格をとるようなもので、私は本願寺派の寺に入寺するための資格をとったようなものです。二十八年と八カ月の一九七〇（昭和四十五）年三月に龍谷大学大学院博士課程を依願退学しました。そんな私のことを心配して、友人や先輩、伯父たちが、私の落ち着き先を紹介してくれました。近くに無住のお寺があるので入寺しないかと勧めてくれた母の姉の夫である松原市の伯父、富士山の見えるお寺に美人がいるから婿にどうかと勧めてくれた母の兄である守口市の伯父。伯父はどちらも大谷派（お東）ですから、勧めてくれた寺は大谷派です。派が違うと、同じ浄土真宗でも儀式作法やお経の読み方も違いますので、本願寺派（お西）の儀式作法にさえ自信のない私は、申し訳ない思いでお断りしました。

本願寺の宗務所にいた龍大ラグビー部の荒井完明先輩には本人が亡くなるまで、本当にお世話になりました。まずお見合いのお世話をしてくださいました。高田派の大寺の一人娘さんでした。京都でお会いして相手も好意を持ってくださったようですが、大寺には大寺の難しさがあって、母の実家まで身元の問い合わせ（後にわかる）をする念の入れ方で、返事が遅いので短気な私は辛抱できずに先輩を通してお断りしました。

私はそのような繰り返しの中で、お寺と相手のお嬢さんの両方とも自分に合うようなところはなかなかないなと思い、子のないお寺に入り、それから妻になってくれる人を見つける方がいいと自分勝手な思いを先輩に話しますと、嫌な顔もせず「お前の気持ちはわかった」と探してくださったのが、今、私の住む（現在は前住職）広島の寺です。

その話に手間取っている時、津村別院に勤める友人が、伝道院が「布教専攻課程」の募集をしているから受けてみたらどうか、と勧めてくれました。話を聞くと「期間は九月から十一月の三カ月。資格は布教使資格を有する者。定員十名。毎月奨学金として一万円支給する」とのことでした。当時の一万円は今と違って魅力的でした。あまり深く考えずに一万円に惹かれて伝道院に通うことになりました。

「布教専攻課程」は一九七〇（昭和四十五）年の九月から十一月の一回だけで終わりました。授業より実習が多かったと記憶しています。実習は念仏奉仕団の人、大谷本廟の研修会に来られた人に、生徒が二人話し、続いて講師の先生が話され、後で講師の先生を囲んで互いに講評し、最後に講師のまとめで終わります。

私と藤澤量正先生との出会いは、この時が初めてです。厳しい先生でした。先生がお亡くなりになるまでお世話になったというか、叱られ続けました。それは布教専攻課程からです。布教専攻課程の研修を私は週に一日か二日休んだから叱られるのは当然です。

当時、前にも言いましたように、大阪教区日曜学校連盟の副委員長として、教区内の多くの住職さんや坊守さんと親しくさせていただいたので、週に一日か二日は布教の約束が入っていたのです。私は月一万円支給を喜んで伝道院の研修を受けたにもかかわらず、先に約束した布教の方を優先するから叱られるのは当然です。

たまりかねて藤澤先生は直接お寺に電話をしてこられました。私は布教で寺にいませんから、母が電話に出て「今日は○○寺に布教に行っています」と正直に返事するものですから、翌日の朝、伝道院に行くなり先生から事務室に呼び出されて大目玉を食ったことが数回あります。そんなことですから、私が無事布教専攻課程を修了することを知った仲間たちは「あんなに休んだお前が修了できるのなら、俺たちも無事修了できる」と喜びました。

布教専攻課程を受講している間に、私の広島のお寺に入る話は進んでおり、十月の末、日は覚えていませんが、守口の伯父に同道してもらって、入寺の挨拶に行きました。当日はお内仏の前で義父母と総代二人に、伯父と私で「正信偈」のお勤めの後、伯父と義父が挨拶をして簡単な食事会で終わりました。そのことを後で知った藤澤先生は「どうして広島へ入寺することを内緒にするのか」と叱られました。「先に話してくれればお祝いの会でもしたのに」と言われ、私はただ頭を下げるだけでした。

布教専攻課程を修了した私は、幼友達の運送屋（小型トラック一台で仕事していた）に頼んで、わずかな荷物を日帰りで広島の寺に運んでもらいました。その時も養父とは全く話をしていませんし、妹弟も全く知らないことです。母だけがトラックに荷を積むのを寂しそうな顔で見送ってくれました。

一九七一年の正月は大阪で迎え、一月中に仏教婦人会の人や日曜学校の関係者に、生まれた寺を出て広島の寺に入ることを話しました。皆それとなく予想していたようですが、やっぱり驚きました。それでも養父は何も言いませんでした。後でわかったことですが、実父が本願寺から授与された親鸞聖人と蓮如上人の絵像を新しく表装し直して私の荷の中に入れてくれていました。

仏教婦人会の人の中には「歌が本当になってしまった」と涙された方もいます。「歌」とは、私が仏教婦人会の新年会をはじめ、歌う機会のあるたびにいつも歌っていた島崎藤村（一八七二～一九四三）作詞の「遠き別れに堪えかねて　この高殿にのぼるかな　悲しむなかれわが友よ　旅の衣をととのえよ」という「惜別の唄」のことです。

二月に入って、私は生まれた寺を出ました。送ってくれたのは母一人です。道まで出て、ただ一言「達者でな」と。私も「お母ちゃんも達者でな」と言って、後は振り返ることなく涙をこらえてバス通りまで真っ直ぐ歩きました。

第二章　私の家住期

①　光徳寺に入って

光徳寺には庫裏の玄関の壁に沿って、手すりのない階段があり、二階に六畳と八畳（共に押し入れ付き）の二間ありました。そこが私の部屋として用意されていました。光徳寺に入った直後、大阪の友だち連中が「送別会をするから戻ってこい」と電話をしてくれました。送別会で、今もはっきり覚えているのは、次のような会話です。

A　「広島の山の中だそうだが、そこで自慢できるものがあるか？」

私　「大阪では見れない美しい星空がある」

B　「それだけか」
私　「大阪と違って空気がうまいぞ」
C　「他には何があるねん」
私　「井戸水で、水道の水と違ってうまいぞ」
全員「それだけか。みんなただ（無料）やなあ」

光徳寺は義父母と前坊守（私にとっては義祖母になる）がいましたが、食事はいつも義父母と私の三人で、前坊守は自室で一人食事をしていたのか、義父が食べさせていたのか、私には今でもよくわかっていません。前坊守は小柄な美しい老女という記憶はありますが、ほとんど自室から出ることなく、私も二、三度姿を見ただけで、一度も言葉を交わしたことがありません。認知症が少し出ていたようです。

台所は十五畳ほどの広さでしたが、三分の一が板の間で、あとはコンクリートの土間でした。その土間の真ん中は薪ストーブがありました。その暖かさは私にとって初めての経験でした。風呂は台所の前の別棟で、やはり薪を焚く五右衛門風呂でした。今も時々懐かしく思い出します。

「いろいろやりたいことがあるようだが、広島に来て思うようにやってくれればいい」と言って義父は私を迎えてくれました。私はその言葉を真に受けて、早速掲示板を五枚手作りして、お寺の前や近い集落の目立ちやすいご門徒の家の前に取り付けさせてもらい、掲示伝道を始めました。そして四月からは早速日曜学校を始めました。当時は山里でも子どもも多く、三十名以上の小学生が集まりました。仏教婦人会の人や子どもの保護者たちが非常に協力的で、順調な滑り出しでした。

私は当時、本願寺の日曜学校連盟の役員をし、ただ遊ばせるだけの日曜学校ではなく、仏教を身につける日曜学校にしたいという思いが強く、役員の人たちと話し合って、日曜学校の教科書を作りました。一・二年生用に『はと』、三・四年生用に『ふじ』、五・六年生用に『いちょう』という読本です。教師は私一人ですから、朝十時から十二時までの二時間は、始めの三十分は本堂でお勤め（らいはいのうた）と法話、後は本堂の裏にある八畳の部屋を教室に、二十分ずつ『いちょう』、『ふじ』、『はと』と、五・六年生から授業を始めました。五・六年生の授業の間は、他の子どもたちは境内で自由に遊びます。婦人会や保護者の方が交代に来て、その間、子どもを見守ってくださいます。十分休憩で、三・四年生になると、五・六年生が一・二年生を見守り、一・二年生が一時間遊んだ後ですから、少々落ち着いて「はと」を大声で読みます。最後に本堂に再集合して「恩徳讃」を合唱して終わりです。

ただそれだけの日曜学校ですが、みんな喜んでお寺に集まってきてくれました。中学生になってからも手伝いに来てくれる生徒が五、六人いました。中学生だけで近くの渓谷にテントを持っていき一泊二日のキャンプをしたこともあります。その頃の日校生もすでに定年退職して、いいおじいちゃん、おばあちゃんになっています。

広島での生活は順調な滑り出しでした。光徳寺は浄土真宗本願寺派（お西）の備後教区（広島東部で昔の備後と岡山西部の備中の寺で構成された行政区）に属していますが、日曜学校の関係で私のことをよく知ってくださっている人も多く、私には居心地のいい土地でした。備後とは今の地名でいいますと、北は三次市、中に世羅町、南は三原市が西端で、尾道市、庄原市、府中市、神石高原町、福山市です。備中は北から新見、高梁、総社、倉敷、井原、笠岡などです。

八月のお盆が過ぎた頃、義父母がどちらからともなく結婚話をし始めました。私にはこの人という結婚相手などいませんし、「誰か好きな人でもいるか」と聞かれても返事のしようがありませんでした。少し投げやりに、義父母がいいと思う人がいたら、その人でいいと言いました。義父母は「本当にそれでいいか」と念を押して、義母の姪の話を始めました。後でわかったのですが、義父母は姪を先に養女として私を迎えるか、私を先にして姪を嫁に迎えるかとかなり迷った上で、私を先にして姪を迎えることにしていたのです。だから私が「嫁のことは義父母に任す」と言った時、本当に嬉しそうな顔をしました。ここで義父母のことを少し話しておきたいと思います。

義母は富山県の砺波平野の中央部の小さな町にある浄土真宗本願寺派のお寺の一人娘（兄二人）として、一九一〇（明治四十三）年に生を受けました。上の兄は中央アジアの考古学探検で有名な本願寺二十二世大谷光瑞師（一八七八～一九四七）の元で教育を受け、長く光瑞師に付き従って寺に戻る気配がなかったようです。次兄も京都に出て日本画家の道を歩み、寺を継ぐ気はなかったようです。この伯父は後の話ですが、妙心寺管長の山田無文老師の絵の師となり、無老と名乗っていました。

義父は義母の隣村の富農の次男として一九〇九（明治四十二）年に生を受け、大阪高槻の行信教校で学び（山本仏骨勧学と同期）僧籍に入り、昭和の初めに結婚し、義母の寺を継ぐ予定でした。しかし、大谷光瑞師が三十八歳（一九一四年・大正三年）の若さで本願寺派門主を退任されたこともあり、結局義母の長兄が帰寺することになり、義父母は満州（中国東北部）での開教に従事することとなったのです。

一九四一（昭和十六）年十二月八日に、日本はハワイ真珠湾攻撃で米英に宣戦布告して大戦に突入しました。義父は一九四四（昭和十九）年に現地召集され、ソ満国境で敗戦を迎え、ソ連軍に追われて身ひとつで逃げ、途中義母と会い、何度も死を覚悟しながら韓国にたどり着き、昭和二十二年に日本に帰ったそうです。

日本に帰国してからは、福岡大牟田別院や北海道帯広別院に勤めた後に、当時、府中市にあった備後教務所に勤務した時、縁あって夫婦で光徳寺に入寺したのです。義父は光徳寺十五代住職ですが、十四代住職も夫婦で入寺したそうで、私たち夫婦で三代続いて他寺からの入寺です。世襲が普通の真宗寺院としては珍しい寺だと思います。

光徳寺は蓮如上人が大坂石山（現在の大阪城辺り）に坊舎（後の石山本願寺）を建立され

た一四九六（明応五）年、神辺城主山名式部少輔美政の次男善宗が、戦国の世に無常を感じ出家して、現在の地に草庵を結んでから、今日まで五百二十六年の歴史を有しますが、その間二度の無住時代もあり、私の入寺前の十三代、十四代、十五代と継職する子に恵まれなかったのです。そのことを思うにつけ、門信徒の篤い護持の心に頭が下がります。

結婚話を義父母に任すと、義母は早速京都の兄に連絡し、十月に入って姪がやってきたのです。姪は短大在学中の十九歳です。私は義父母のすすめで姪と二人でドライブに行きました。呉をゆっくり一日かけて観光しました。初対面ですし、特に話すこともありません。私はこれからのお寺のあり方や住職となってやりたいことを話しました。姪からの反応はあまりありませんでした。それで差し障りのない時事問題に話を向けても話が弾みません。私はつくづく十一歳という年齢の差を感じました。

姪が帰京するのを待っていたように、義父母は「姪のことをどう思う？」と問います。義母の姪のことを悪く言うことはできませんから、「いい子だと思います」と曖昧な返事を繰り返しました。それからは毎日のように「姪と結婚してくれないか」と義父母は問い、私は「一遍会っただけですから」と即答を避け続けましたが、とうとう十二月に入って「相手の方が僕でいいと言うなら」と答えますと、義母は早速、私の写真を持って京都の兄の元に行き、姪の承諾を得ました。姪は十九歳で、三十歳の私と十一歳も若いのですから、私はてっきり断るものと思っていました。

義母から「姪は承諾した」と電話が入り、続いて「明日の四時過ぎに三原駅（当時新幹線は岡山まで）に着くから迎えを頼む」ということでした。その夜、私は「あまり乗り気でないのに自分が断って悪者にならなくても、十一歳も歳が違うのだから相手が断る」というずるい判断を後悔しました。いくら若くても話が全くかみ合わない人と結婚していいものだろうかと眠れない一夜を明かしました。

翌日、義母も三原駅に迎えに行きます。近くの門徒の方が一緒でした。二人を乗せて二十キロの山道を帰路に着きました。車中で義母は本当に嬉しそうに、私と姪の話を門徒の人に話します。私は義母の嬉しそうな声を聞きながら、私の心は揺れ動きました。私の心の揺れは自分で思っていたより大きかったのでしょう。そこを曲がれば寺というところで自動車を二メートルほど下の田んぼに落としました。車は真っ逆さまでしたが、三人は無事で、車から這い出しました。

その日から一週間ぐらいは結婚の話には全く触れませんでした。私はその一週間ほど辛い日々を送ったことはありませんでした。十二月十五日頃だったでしょうか、義父が結婚の準備もあるし、相手（姪）方にきちっと返事しようと思うが、「お前の気持ちは変わってないか」と尋ねました。

姪は「もう一年短大に残って絵の勉強を続けたい」と言っていたのを思い出し、「二人で会って、お互いの気持ちをよく確かめ合ってから正式な返事をしたい」と言いますと、義父母は「それがいい」と承諾してくれました。

三月に入って京都のホテルで会い、私は「もう一年絵の勉強をされるそうですが、学生の間は勉強に集中され、一年たってお互いの気持ちが変わらなかったら結婚しましょう。もしこの一年の間に、どちらかに好きな人ができれば、互いにその好きな人と結婚し、この話はなかったことにしましょう」と話しますと、姪も「私ももう一年絵の勉強に集中したいので、それがいいと思います」の返事でした。

広島に帰って義父母にそのことを話しますと、「二人がそれでいいと思うなら、そうするか」と、何か歯に物が挟まったような返事でした。

②　妻を迎える

私は姪の人柄がどうこうでなく、十一歳という年齢差による話のかみ合わないことに違和感があり、姪との結婚にはどうも気が進みません。

四月に入って間もない頃、光徳寺の二人の総代さんが、隣の集落のお寺の娘さんの話を義父に持ってきました。義父母は姪のことがあるから、あまり乗り気ではなかったようですが、総代さんからの話でもあり、お付き合いのある近くの寺の娘さんということで断れなかったのでしょう。そこで一度会ってみればと、私に勧めました。

私はその寺の十一月の報恩講、一月の御正忌の法要に出講し、続いて三月の彼岸会の出講依頼をされました。本人と直接言葉を交わしたことはありませんが、すでに二度会っていました。その都度、品のいいお母さんと美しい兄嫁さんと本人の三人の接待を受けていました。

それで私は私なりに「この娘を嫁に迎えてほしい」という思いがお母さんと兄嫁さんにはあるのではないかと薄々気づきましたので、大坂の税理士をしている親友に話しますと、「お前がそのお寺に行く時に、俺が広島まで行って、この目で見てやろう」と言って、彼岸会出講の時に広島に来て、彼女のお寺まで同道してくれました。

光徳寺に戻り、私が友人に「結婚相手として彼女をどう思うか」と尋ねますと、「まあいいのやないか」との返事です。そんなことがあってから十日ほど過ぎ、総代さんからの「一度二人だけで会って、互いの気持ちを話し合ったらどうか」との話です。

義父はその話を受けて、私に「一度二人だけで会ってみては」と言い、まだ地元のことがよくわかっていない私に地図を書いて、「ここに行って、二人で話してこい」と日取りも決め、総代さんを通じて相手方に連絡してくれました。

私には義母の姪が卒業する来年の三月までに結婚しなければという気持ちもあり、義父の言葉に従い、四月の中頃だったと思います。相手を迎えに行き、義父の描いてくれた地図を見ながら行ったのは、今はなくなりましたが、府中市上下町にあった超大型の温室に熱帯植物園と温泉プールのある遊園地です。その横にアヤメ荘という旅館もありましたので、ゆっくりと自分の気持ちなどを話そうと思って、その旅館の一室を借りて部屋に通されました。すぐにお茶を入れにきた仲居さんが、二人の顔を見て「隣室にベッドは用意してありますが、この部屋にはシャワーだけで風呂はありません」と申し訳なさそうに話し、「どうぞごゆっくり」と言って退室しました。

私はこの旅館に入ったことの間違いに気づき、窓を開け、入り口の戸も開けてから、お寺で自分がやりたいことを話しました。「私は寺にゆっくりと腰を落ち着けて、仏教壮年会や仏教婦人会、仏教青年会、日曜学校などの教化活動をしたいと思っている」と話し、続いて「こんな私でよかったら結婚してください」と言いました。すると彼女は「はい」と頷きますので、「それでは総代さんに話を進めていただきますよ」と言うべきことだけ言って、急いで旅館を出ました。

五月に尾道に一緒にドライブしたぐらいで話はどんどん進み、七月には結婚式をということになりました。私は七月五日が誕生日なので、三十歳での結婚を希望しましたが、相手にはいろいろ準備もあり、結婚式は結局三十一歳の八日目の七月十三日になりました。ですから私にとっては三十一歳と七日で独身生活は終わりました。

今の人には想像もつかない、本堂での簡単な式で、式が終わると直に、私の運転で新婚旅行に出ました。義父は「近くで一泊して帰ってこい」と言って見送ってくれました。私は「一泊」という言葉に強い反発を感じ、「一泊ぐらいで帰るものか」と、マイカーで、どこに行くというあてもなく、とりあえず広島市にハンドルに切りました。どこをどう走ったのか全く覚えていませんが、市内の小さなホテルに泊まりました。「二度とない新婚旅行なんだから」との思いが強く、翌日から山口、津和野、浜田と車を走らせ、浜田の国民宿舎に泊まり、水族館に行ったことをかすかに覚えています。

一番記憶にあるのは三瓶山です。数日前の大雨で麓の温泉街はどの旅館もキャンセルでガラ空きでした。どの旅館に泊まろうかとノロノロ運転で走る私たちを、どの旅館の人も大歓迎でした。翌日は晴天です。せっかくだから三瓶山（一一二六メートル）に登ろうと、ロープウェイの乗り場に行きましたが、客は私たち二人だけで、ロープウェイは動いていません。車を降り、ロープウェイの駅でしばらく立っていると、係員の人が私たちに気づいて、「せっかく三瓶山に来てくださったのですからロープウェイを動かしましょう」と言ってくださいました。上りも下りも二人で貸し切りでした。山頂からの風景は記憶にありませんが、二人だけで三瓶山の頂上に登ったことだけが忘れられない新婚旅行の思い出です。

帰路、どの道を通ったのかは覚えていませんが、三次の街に入って驚きました。大雨で河川が決壊し、洪水の後始末で道路は水に浸かった畳や家具で通行できません。少し遠回りして尾道に向かう国道一八四号線に戻り、これで無事に寺に帰れると思い甲山に向かっていますと、安田の町に入る前で橋が落ちているのです。また後戻りして、どこをどう通ったのか、予定では昼過ぎに帰れるはずが夕方遅くになりました。

老夫婦は私たちの帰りを待っていたようで、くつろぐ間もなく義父から新妻に「夕ご飯の支度をせんといけんよ」と声がかかりました。早速、嫁としての仕事が待っていました。「今日の夕食ぐらいは食べさせてもらえる」という甘い気持ちが一瞬で吹っ飛びました。一週間にわたった私たちの無鉄砲な新婚旅行は無事終わりました。

翌日からは妻は今まで通りの勤めに自転車で出かけ、私は見送る立場でした。法務もあまりありませんから、私は午前中は読書、日曜学校の子どもが学校から帰ってくると寺に遊びに来ますから、その相手をするというゆっくりした日が過ぎていきました。

義父は、文字通り「私の思うように」させてくれました。

③ 備後教務所に勤める

一九七三（昭和四十八）年四月から、備後教務所に非常勤で勤めることになりました。自分では寺で腰を落ち着けて、青少年教化を中心に寺院活動をしたいという気持ちが強かったのですが、義父の勧めもあって、生まれて初めてサラリー（給料）をもらう身となりました。あまりはっきりと記憶していませんが、週二日の出勤で給料は一万五千円ぐらいであったと思います。

役職は布教主事（当時、門信徒会運動推進役の相談員と組織教化推進役の教化主事と布教関係推進役の布教主事が各教区にいました）ということでしたが、他の二人は一寺の住職さんでもあり、お忙しかったので、若さと時間のある私は週に四、五回は引っ張り出され、仕事の後には教務所長さんや教区会議長さん、教務所によく顔を出される福山市内の住職さんのお供をして、福山の夜を堪能させてもらいました。

どうしてそうなったのかというと、勤めた年に浄土真宗立教開宗（親鸞聖人の五十二歳『教行証文類』成立の年）七百五十年記念慶讃法要が京都の本願寺で勤修され、各組の団体参拝の小間使いをしたからです。

団体参拝は、本願寺参拝後に福井の蓮如上人旧跡の吉崎御坊に参拝する二泊三日のバス旅行が多かったため、本願寺前の旅館に教区事務所を置き、参拝者を迎えて北陸に向かいました。泊まりは石川県の山中温泉の大旅館で大宴会です。団体は少なくとも大型バス三台、多い時は五、六台ですから、いささかくたびれました。お世話でくたびれる上に、バスの中での酒、宴会での酒、反省会での酒でくたびれたのです。どのぐらいくたびれたかというと、団参が終わった五月末に体調を崩し、三原駅に近い赤十字病院に、生まれて初めて入院しました。飲み過ぎが原因です。

しかし、団参以後、教務所長さんや教区会議長さんをはじめ、多くの住職さんからかわいがってもらい、教務所に泊まることもありましたが、極力寺に帰るようにしました。そんな私を見て、義父の小言が始まりました。

私はどれほど忙しくても日曜学校と掲示伝道だけは休まずに続けました。また教区内の寺から布教の依頼も徐々に増え、寺に落ち着くことが少なくなった私に、義父は面白くなかったようです。そんなことが重なって、日曜学校の時間（日曜朝十時～十二時）に、「法事の約束をしたので○○家に参れ」などと言い出しました。

初めは月に一回ぐらいでしたが、その回数が徐々に増えていくと、日曜学校に喜んで来てくれる子どもの気持ちを思うと、私の中にも徐々に不満が膨らみ始めたのです。「思うようにやれ」と言った義父が、教務所に勤めるよう計らい、日曜学校の日に法事の約束をして私に「参れ」と言い出したことに、私の我慢にも限界がありました。

そんな我慢が続く二年目の六月末、教区布教団研修会の講師で来てくださった藤澤量正先生が、講師控室で接待している私に、「伝道院で九月から新しく住職課程を始めるのだが、君に是非手伝ってもらいたい仕事があるので京都に出てきてほしい」と突然話し出されました。寺にいて不満を募らせていた私は、すぐにでも「ハイ」と言いたかったのですが、一応仕事内容を尋ねてみました。

「伝道院に新しく寮（学林寮）ができ、住職課程百日間、研修生（大学卒～二五歳）四十名の寮生活（朝六時の晨朝参拝から夜九時消灯）の世話と生活指導が中心で、他には伝道院で研修のある時の指導、研修のない時には、各自が自由研究で過ごしてもらうということで、常勤だ」ということでした。布教専攻課程の時に、あんなに欠席した私に声をかけてくださったのはなぜだろうと思ってはみましたが、私には渡りに船で「わかりました」と即答しました。先生は「教務所長さんにもお願いしておく」と言ってくださいました。

研修会の数日後、教務所長さんが私に「教区内の役職者（教区会議長、組長会長、など）にも相談したが、布教主事一期二年は勤めてもらわないといけないということになった」とのことでした。来年の三月末まで勤めて、四月の新年度から京都に行く方が君自身の将来のためにもいいと思う。藤澤先生にもその旨を伝えておく」と話され、「今晩は私に付き合え」と、その日は教務所長さんのお供で一献傾けながら、本願寺の組織についてご自身の体験を通しての貴重な話を聞かせていただきました。

九月からの住職課程のお手伝いはできませんでしたが、三時間の一コマをもらって、一期生の人に未熟な体験を話させてもらいました。十月四日に長女が誕生したので、妻にとっても明年四月からの京都行きは好都合だったと思います。義父母には伝道院に勤める話は三月までは一切話しませんでした。話すと反対されると思ったからです。

一九七四（昭和四十九）年の正月は初孫を抱いて喜ぶ義父母の姿を見ながら、私は複雑な気持ちの三日間でした。二月に入り、私たちは京都での生活に必要なもの（布団や衣類など）を、義父母に気づかれないように伝道院へ送りました。三月に入り、妻の母に京都行きを話して了解を得、彼岸の法座が過ぎて、義父母にはっきりと京都に行く話をしました。義父母も京都行きについては薄々気づいていたようでしたが、私が話し出すと義父母は頭から反対でした。

私が三十二歳、妻が二十七歳、義父は六十三歳、義母は六十二歳の時のことです。五十五歳定年退職の時代でしたから、反対するのも当然ですが、私も「思うようにしたらいい」と言われた言葉を真に受けて、私なりにできることを精いっぱいやっているのを邪魔するような義父の態度にやりきれなくなり、伝道院に勤める話も決まっていたので、後戻りすることはできませんでした。

三月二十五日、教務所長さんをはじめ、教区の関係者に退職のパーティーをしていただき、二年一期の布教主事の職を辞しました。

二十七日の朝、小型自動車に積めるだけの物を積み、妻と娘と受胎二カ月の長男の四人で寺を出ました。私にとっては二度目の寺出（家出）です。義父は「どうしても出るなら籍を抜いていけ」と言いました。私も負けん気の強い方ですから、「実印を置いていくから、好きなようにしてくれ」と発車しました。

まず、福山に出て国道二号線を東上しました。（山陽自動車道はありませんでした）笠岡、岡山、姫路を通り抜け、夕方無事に伝道院に着きました。昼食をどこでしたのか、トイレはどうしたのか全く記憶にありません。ただ、夢中で京都に向かって走ったことだけは確かです。伝道院の学林寮の一階の一室が私たちのために用意されていました。

④　本願寺での十五年間

㋐　伝道院の指導員

四月から住職課程の二期生が入寮しますので、学林寮には長くいれません。四月に入り、私たちは左京区東一条の京都大学医学部の横にあった本願寺役宅に移りました。当時そこには本願寺の女子寮と木造平屋建て一棟がありました。

　間取りは六畳二間に玄関と台所。トイレは奥の部屋の外に建っていました。私たち親子にとっての新しい生活の始まりです。布団や衣類は持ってきましたが、茶碗やお皿、ちゃぶ台、テレビ（十四インチの白黒）などは、大阪の実母が用意しておいてくれたのをもらってきました。

　風呂は近くの銭湯を利用しました。伝道院への通勤は当時市電があり、東一条駅から京都駅まで、そこから徒歩です。通勤時間は四十分ほどだったと思います。

　伝道院での私の立場は指導員兼寮務でした。指導員としては研修生の生活指導、寮務が四人いましたから、四日に一日は宿直です。二十代中心の若者四十名を朝五時四十分に二列に整列させ、一緒に本願寺の晨朝法要に参拝し、寮で朝食・昼食・夕食を共にし、夜七時門限、九時消灯を守らせるのはかなりの体力を要します。

　藤澤先生が私に声をかけてくださったのは、私の体力を買ってくださってのことだったと思います。当時、私は体重が九十キロあり、龍大ラグビー部の監督経験もあり、若者を抑えるのには好都合だったのです。

厳しい言葉で私たちを送り出した義父からは、時々私たち親子を案ずる手紙が来ました。私たちは毎年盆と正月には必ず親子で広島に帰りました。正月に帰れなかったのは、一九七四（昭和四十九）年の十二月二十三日に長男が誕生した直後の正月だけです。

新幹線が広島まで開通してからは、新幹線を利用して帰寺したこともありますが、多くは車で帰寺しました。新幹線を利用した時、一度大変な思いをしたことを今も忘れられません。それは広島から東京に向かう新幹線が「ひかり」（当時は「のぞみ」はなかった）が満員で身動きできず、子どもは泣き出し、姫路で山陽本線の新快速に乗り換えようとした時のことです。前を娘を抱いた私が、その後ろを息子を背にした妻が、互いに少々の荷物を持って、新幹線のホームから在来線のホームへと移動していました。ふと振り返ると妻子の姿が見えないので一本見送って、ホームを見渡しますが人の波でよく確認できず、次の新快速に乗りました。妻の姿は見えません。切符と家の鍵を私が持っていましたから、京都駅の改札口で待てば必ず会えると自分に言い聞かせて、キョロキョロするのをやめて娘をあやしながら京都駅で降り、改札口で待ちました。三十分待っても妻子は姿を見せません。

改札で「赤子を背にした女性がここを通りませんでしたか」と尋ねると、係員の人が「一時間ほど前に、切符は夫が持っていると赤ちゃんをおんぶして出ていった人がいました」と教えてくれました。私は二人分の切符を渡し、急いで市電に乗り、東一条の住まいに帰りました。すると鍵を持っていないはずの妻が家の中にいて、「遅かったね」と言います。「鍵も持たずにどうやって入った」と問いますと、「窓の戸をはずして入った」と言うのです。古い家だからできたことです。どちらにしても「よかった、よかった」と胸をなで下ろした懐かしい出来事です。

役宅生活で忘れられないのは、家族四人で銭湯に通ったことです。私は娘と男湯に入り、途中で番台の奥さんに頼んで娘と息子を二回交代して、出る前に鏡越しに大声で「出るぞ」「はい」で、銭湯から帰るのですが、ある時いつものように「出るぞ」「はい」で出て、下駄箱の前で待っていると、私の知らないご婦人が子どもを抱いて出てきて、妻がなかなか出てこないのです。その時の気まずさは譬えようのないものでした。

また、毎夜十時頃になると屋台を引くチャルメラの音が聞こえてきます。子どもが早く寝付いた時は、時々夫婦で屋台の「中華そば」を食べに出ましたが、帰ると必ずと言っていいほどどちらかが起きて大泣きしているのです。鳴き声が外まで聞こえ、慌てて家に飛び込んだことが、今では懐かしい思い出です。

役宅生活でもう一つ忘れられないのは、玄関の横に掲示板を作って「掲示伝道」をしていました。ある日、玄関に入ろうとして「掲示板」を見ると、私の書いた「法語」（残念なことにその時の言葉は覚えていません）の横に、ペンで「この言葉はおかしい」という意味のことが書き込まれていました。私は不愉快な思いで「法語」を変えましたが、反面、読んでくれている人がいることの喜びも感じました。それから数週間過ぎたある夕方、一人の若者が訪ねて来ました。私が対応に出ますと、若者は、

私は先日、ここの掲示板に落書きした者です。その時は言葉の意味に納得できず、思わず落書きしましたが、それからずっと掲示板の言葉が頭から離れず、昨夜になってやっと言葉の真意に気づき、悪いことをしたと思い謝りに来ました。申し訳ありませんでした。

と頭を下げました。同志社大学の学生さんでしたが、私は「法語でまた何か気づいたことがあったら、その思いを書き込んでください」とお願いをしました。

東一条の役宅生活は三年で終わりました。本願寺が、女子寮と役宅のあった土地を手放すことになったからです。

私たち家族は藤澤先生の口利きで、西陣の法衣店の持ち家に移りました。山科区の大石神社に近い新しい住宅地にある二階建てで、駐車場もありました。間取りは一階に玄関、応接間、居間、台所、風呂、トイレ。二階は六畳二間にベランダに物干しがありましたが、応接間は法衣店の荷物置き場で使えませんでした。しかし、これまでの役宅に比べると新築でもあるし、文句の言いようがありませんでした。

娘も近くの幼稚園に入り、私は車で国道一号線に出て東山を越えて通勤しました。伝道院では指導員であることは変わりませんが、二年目からは寮監になり、今まで以上に責任が重くなった分だけ、やり甲斐もありました。

伝道院では私も研修生をよく叱りましたが、藤澤先生にはよく叱られました。

㋑ よき師との出会い

伝道院長の大原性実先生は、私が大学の時に「真宗学」を教えていただいた先生です。本願寺派総務、ハワイ開教区（当時）総長を歴任された勧学（本願寺派最高学階）さんで、度量の大きい、優しい方でした。

ところが、研究部・研修部の講師の先生方は、伝統宗学（従来の真宗学）では、これからの真宗教団は衰退の一途をたどるしかないという思いで、新しい真宗教学の樹立を目指しておられました。その結果、自然に院長と講師方の溝は広がることはあっても狭まることはありませんでした。

そんなこともあって、研修のない時、私はしばしば大原先生の夜のお供をしました。行く店はいつも四条烏丸のそば屋です。先生は日本酒をガラスのコップにレモン一切れを入れて飲まれるのです。私は「先生はどうして日本酒を猪口でなく、コップで飲まれるのですか」と尋ねると、「小さな猪口で飲んでいると、飲んだ量がわからなくなるから、量のわかりやすいコップにしているのだ」という答えです。ところが、飲み出すと少し量を過ごされ、足元が怪しくなるので、下鴨神社近くのご自宅までタクシーで送るのが常でした。ご自宅のベルを押すと奥さまが出てこられ、「酒飲みは大嫌い。入らんといて」と言われ、先生は「そう言うな、そう言うな」の一点張りです。私は横で頭を下げるだけ。大原先生ご夫妻のそんな姿を懐かしく思い出します。

話が後先しますが、伝道院に勤務することが決まり、住まいも東一条に決まった時、家族で大原先生のご自宅にご挨拶に行きました。その時、先生は「君にはこれが一番いいだろう」と三合は入る大きな徳利をくださったのです。私の酒好きをどうして先生は知っておられるのかとビックリしました。今も時々その徳利を眺め、先生ご夫妻にかわいがっていただいた日々が鮮明に記憶に残っています。

先生は伝道院長を退任され、勧学寮頭に就任された数年後、「龍谷会」（大谷本廟の報恩講、毎年十月十五・十六日に勤修）の僧綱（ご門主に随従する筆頭の僧）を勤めておられた時に脳梗塞で倒れられ、入院加療の甲斐もなく亡くなられました。奥さまから電話で、先生のご命日のお参りの依頼を受けて、長岡京市のお嬢さまの家にお参りさせていただき、先生の思い出話をいろいろ聞かせていただきました。

＊　＊　＊

研修部長の藤澤量正先生とは、布教専攻課程以来、先生が亡くなられるまで、ずっと目をかけお育てをいただきました。本願寺退職後も滋賀の先生のお寺の報恩講には、三年に一度はお招きいただいて三日間の法座のご縁を結ばせていただきました。

先生はお座が終わると講師室に来て、机の前に座り、「今日の話のどこが不足で、問題か」と、こと細かくご注意・ご指導くださいました。病気で声が出なくなった時も、メモ用紙を持って来られて、文字でご批評・ご指導してくださいました。ある時、そのご指導いただいたメモ用紙をいただいて帰りました。先生は「そんなもん、人に見せるなよ。なるべく早く捨ててくれ」と言われましたが、私にとっては微に入り細に入ってご指導くださった大切なメモ用紙です。私は先生との約束で、余人には見せたことはありませんが、今も大切にして、時々見ながら先生を思い出しています。

先生が亡くなる数日前に、人づてに先生の容態を聞き、夫婦で湖東の病院に見舞いに行きました。病院の窓口で病室を尋ねると、看護師の方に連絡してくださいましたが、「今、付き添いの人がいないので面会はダメです」との返事でした。どうしようかと三十分ぐらい待っていると、「付き添いの人が戻られました。二階の○○号室です」と、受付の人が声をかけてくださったので、急いで病室を尋ねました。病室に入るなり私は「先生」と言って手を握りました。つい手に力が入ったのでしょう。先生は顔をゆがめ、手を引かれました。続いて妻が手を握ると、ニコニコと長い間妻の手を握っておられました。先生がお元気な時、妻に時々声を変えていたずら電話をしてきたり、近くに来られると「コーヒーを付き合え」と電話で妻を誘ってくださったりしましたから、妻の見舞いがうれしかったようです。

先生の死の連絡を受けたのは、福井市内のお寺でした。三日間の報恩講の翌日が葬儀でしたので、私は福井から直接湖東のホテルに向かうことにして、妻に黒の式服を持ってきてほしいと電話しました。ところがその日の夕方、「先生の門弟の代表として弔辞を」との依頼がありました。私はどう考えても先生の門弟の代表としての資格はありません。「私は藤澤先生の門弟だ」と他言してはばかることのない先輩方や同輩の人を数名知っているので、「門弟代表ということなら他の人に弔辞をお願いしてほしい」と辞退しました。すると依頼をされた先生の甥の方は、「肩書きはお任せします。ぜひ先生に弔辞をお願いします」ということになり、私はその日の夜中に福井城の堀の横にあるホテルで弔辞の下書きをし、自分の肩書きをいろいろ考えた挙げ句、「元伝道院部長」にしました。藤澤先生が愛してやまなかった「伝道院」を強調したかったのです。

翌早朝（葬儀の前日）、葬儀の会行事（儀式の責任者）をしてくださる甥の方に私の肩書きについての思いを伝え、続いて妻に「弔辞の下書きをファクスで送るので、和紙に清書して持ってきてほしい」と電話しました。

報恩講三日目の満日中の法座（朝十時～正午）を終え、住職、出勤法中（近隣住職方）と役僧の老僧（当時、北陸では古い因習が強く残り、大寺の住職を「おかみ」、役僧さんを「しも」と言っていた）の接待で昼食をいただき、米原経由でホテルに向かいました。

葬儀での弔辞は私と総代さんの二人だけでした。弔電は本願寺のお裏方（門主夫人）をはじめ、主なる数名分が披露されただけですが、焼香の参拝者は門信徒の人は言うに及ばず、遠路駆け参じた先生の教え子の人も多く、本堂も境内もあふれるほどの人でした。私はその様子を眼前にし、先生の遺徳を改めて深く感じました。

私は当時、布教使養成に従事していた中心人物と相談して、翌年、翌々年「量正会」と命名して先生のお寺で法座を開きました。元気な間は続けたいと思っていましたが、残念なことに二年で終わってしまいました。今でも心残りです。

＊　＊　＊

当時、研修部の筆頭講師は松野尾潮音先生でした。先生は後に私が関わらせていただいた門信徒会運動の創始者であり、公私にわたり長くご指導をいただきました。私にとっては忘れることのできない大切な師の一人であります。藤澤先生が情の人なら、松野尾先生は智の人でありました。智の人というと、冷たい人という誤解を招きそうですが、決してそうではありません。おおらかで温かい人格者でした。

時々短く話しかけてくださる言葉にも深いものがありました。鈍い私は、先生のお言葉の深い意味を理解するのに三日ぐらいかかりました。言われた時には「そうですね」とわかったような返事をしましたが、その言葉が頭の底に残り、三日ほどかけてじわじわと身に染みこんでくるのです。

愛知県岡崎市にある先生のお寺にも、本願寺を退職してから何年か、八月末の一日研修に招いていただきました。先生のお寺への八月の出講は、先生が亡くなった今も続いています。先生はいつも「前日の六時までには来るように」と言ってくださるので、いつもその時間にはお寺に着くようにしました。先生は庫裏の玄関で待っていて、「タクシーを呼んであるから、荷物はそこに置いておけ」と言って小料理屋に直行です。いつも決まった部屋で酒杯を傾けながら、寺院のあり方、教団の問題点、さらに今後の教学の方向性などを懇々と話してくださったのです。

ある時、「年に一度は君に来てもらわないといけない。僕が話しているとお参りの人がインテリばかりが増え、お同行が減っていくからな」と言われました。私はこの言葉に喜ぶべきか、悲しむべきか、今も複雑な思いをしたことを覚えています。

先生はお元気な時は私（身長百七十センチ、体重八十五キロ）と体格はあまり違いません（ある夏、午前の研修で白衣まで汗だくになった私に、奥さんが午後の研修に先生の白衣を出してくださったのですが、ピッタリだった）でしたが、亡くなられた前年の夏は、見違えるぐらい痩せておられました。先生は「ガンだよ。来年の三月までかな」と、平然と語られました。私は「本当ですか」と言うのが精いっぱいで、後の言葉が出ませんでした。

翌年の八月末に出講させていただいた時、先生は「藤田君、まだこの世に置いてもろてるよ。今年は申し訳ないが、君の話が聞けない。長く座っておれないのでね」と、挨拶だけで奥さんに手を引かれて、自室に戻っていかれました。私が見た先生の最後のお姿です。その一カ月後に亡くなられたのです。

今でも先生に申し訳ないことをしたと思っていることは、門信徒会運動の名を消したことです。私は門信徒会運動本部事務室長と同朋運動本部事務室長を兼任した時に、教団に二つの運動のあることに強い違和感を覚え、両運動の一本化を目指し、結果的に門信徒会運動の名を消してしまいました。

先生はそのことについて何も言われませんでした。それどころか、運動の一本化に猛進する私を応援してくださいました。今、門信徒会運動に人生の盛りをかけられた先生のお気持ちを思うと、自分の鈍さを改めて謝す以外にありません。

＊　＊　＊

もう一人、どうしても語っておきたい先生は西脇正文先生です。先生はお出会いした当時は副講師でしたが、後に伝道院部長になられ、さらに龍谷大学の事務局長になられた方です。先生は苦労人（実生活でも先生は何も言われませんでしたが、いろいろご苦労なさったことと拝察する）で、細やかなお心遣いの人でした。先生のお寺（兵庫県たつの市）に出講させていただくと、居間でご家族と一緒に食事をいただいたことも多く、私の身の上話も聞いてくださいました。

先生の開かれたご家庭に、何のこだわりもなく溶け込ませていただきました。そんなこともあって、ご子息の縁談のお世話もさせていただく栄に浴するという深いご縁もいただきました。本願寺を退職した私が再び伝道院部長として本願寺に呼び戻されたのは、西脇先生のお口添えによるものでした。

先生は本当に生真面目で、仕事面でも一切手抜きをしない方でした。それが先生の身命（いのち）を縮めたのではないかと私は思います。本当に残念なことですが、六十歳を迎える前に亡くなられました。先生のお寺には、亡くなられた後も毎年、報恩講（一月末）に長く寄せていただきました。

㋒　仏教青年会への参画

私の伝道院時代で、もう一つどうしても話しておきたいことは、本願寺仏教青年会連盟が客船をチャーターして、洋上大会（三泊四日）を三年連続で実施した折に、私は最年少の講師として参加させていただいたことです。企画は当時の婦人青少年部の賛事であった荒井先輩でした。三十過ぎの若輩を講師陣に加えてくださったのも先輩です。第一回と第二回は沖縄、第三回は韓国の釜山でした。この時にご一緒させていただいた講師の先生方や参加者の青年たちとの出会いが、私の大きな財産となりました。

先輩は本願寺退職後、東海教区（愛知県・三重県）の宗会議員に選出され、龍谷大学の事務局長を勤めておられた時に急逝されました。私は九州に出講している折に知らせを聞きましたので、心残りでしたが、葬儀に出ることができず、後に妻と二人で四日市市にあるお寺を訪ねました。先輩の奥さんにお話を聞かせていただきましたが、ご自分で運転して病院に行かれ、そのまま帰らぬ人となられたとのことでした。

先輩は真面目なやり手で、かなり疲労をため込んでおられたのだと思います。後にご子息が私に「父がもう少し長生きしていたら、本願寺派総長とまでは言わないが、間違いなく総務になっていたと思う」と感慨深く話され、私も全く同感でした。

私は仏教青年会に参画させていただいたことによって、考えたこともない大きな仕事をさせていただきました。それは本願寺が成人記念に仏教青年会員に贈呈してきた『歎異抄』の意訳をさせていただいたことです。

それまで成人記念に贈呈されていた『歎異抄』の意訳は、本願寺派勧学で京都女子大学のM教授のものでしたが、第十三条の「宿業」の意訳が同朋運動本部員から「差別増長につながる」と指摘を受けて、新しく意訳することになり、五名が「成人記念編纂委員」に委嘱されました。五名とは大原性実勧学寮頭、神子上恵龍勧学、仲尾俊博同朋運動本部員・司教（後に勧学）、灘本愛慈勧学寮部長・司教（後に勧学）と私です。二人の勧学さんは七十代、二人の司教さんは五十代、私は三十代前半の輔教です。

第一回「編纂委員会」で決まったことは、一番若い私がまず意訳をし、それをもとにして編纂作業を進めるということです。ですから私以外の四名の先生方は監修者のようなお立場です。月一回のペースで翌年の成人式に間に合うようにと六回の会合が持たれました。毎回数カ条の意訳をする私にはかなりハードな作業でした。私が意訳したものを担当の職員がコピーして各先生に前もって送り、会合で先生方の見解をいただいて作業を進めました。

一番時間をかけて話し合われたのは十三条の「宿業」の意訳です。私は「いままでの各自のあり方」と意訳しました。すなわち「宿業」の「宿」は「宿世」で「前世から今生での現在までに経《へ》巡《めぐ》ってきた過ぎし世界・世間」と受け止め、「業」は「身・口・意で行うすべての行為」ですが、縁起の教えに立脚する仏教では人間の行為で、他と一切関係しない行為など考えられません。ですから各自の行為も、その時代・社会と、その人の置かれている時と場に無関係な行為（業）は考えられません。そんな思いに立って「宿業」を「いままでの各自のあり方」と恐る恐る意訳したのですが、案外すんなりと各先生の同意が得られました。

意訳が終わり「編纂委員会」の打ち上げの宴会を亀岡市の温泉旅館でにぎやかにやりました。神子上先生が「君の大学時代の指導教授は誰か」と聞かれるので、「私の大学時代の指導教授は先生でした」と言うと、その問答を聞いていた他の先生方が笑いながら神子上先生を冷やかされるのです。普段とは違う先生方の人間味に触れ、楽しく一夜を過ごしたのも忘れられない思い出です。

念のために、浄土真宗聖典編纂委員会による現代語訳『歎異抄』（平成十年三月十四日発行）を見ますと、「宿業」を「過去の世における行い」となっています。脚註もなく、これだけではまた私が十代の頃に聞いていた問題のある「差別を受けるのも、つらい人生を強いられるのも、すべて自身の過去世の行い（前世の業）による」という法話に後戻りするのではないかと、大いに危惧するところです。

仏教青年会での忘れることのできない思い出は、第二十四代即如門主が就任前の新門さまだった時に、会員の人たちとインド旅行をしたことです。私にとっての初めてのインドであり、いつの間にか気づいたら二人でゆっくり仏跡を拝し、二人でいろいろなことを話し合った時間は、今思っても貴重な時間でした。

㋓ 門信徒会運動本部常勤相談員に

一九七八（昭和五十三）年の三月末に伝道院事務室部長から突然「四月から門信徒会運動本部に移ってもらうことになった」と告げられました。私は伝道院のお手伝いに来たのであって、本願寺の宗務職員になるつもりは全くなかったので、即座にお断りしました。部長は困った顔をされ、その日は終わりました。

直属上司である研修部長の藤澤先生や、門信徒会運動の創始者である松野尾先生に電話でもされ了解済みだったのか、翌日、藤澤先生が来られ、「視野を広げる意味でもいい経験だから、一度運動本部に行った方がいい。そして、また伝道院に戻ればいいのだから」と言われ、さらに翌々日、松野尾先生が伝道院に来られて、門信徒会運動について詳しく話された上で、「君の将来のためにもいいことだ」と勧めてくださいました。

藤澤先生と松野尾先生から言われると断りようがなくなり、結局四月一日付で、私は門信徒会運動本部員として常勤相談員になり、当時七条大宮の龍大に近い、明治の木造洋館（現在、龍谷大学瀬田学舎に移築）の宗務所に通うことになりました。

後で何となく気づいたことは、私が伝道院から運動本部に移る話は、かなり前から教化関係部長の間で話され、伝道院の先生方も了承しておられたようです。その一年ぐらい前に、当時の研修部長が一夜祇園に誘ってくださって、「君を研修部の賛事に迎えたい」と話されたことがありました。勘ぐれば、もうその頃から私を宗務所にという話は出ていたのかもしれません。

これも後で知ったことですが、本願寺の規則に本部員の基礎資格は、「四十歳以上の学識経験者」となっていたのを、「三十五歳以上の……」と、その年の二月に改められていたのです。そこまでして私を運動本部に迎えてくださったのかと思うと、不足など言えないと思いました。

各教区は早くから相談員がおられましたが、その相談員方の相談にのり、力を合わせて各教区・各組の門信徒会運動の推進を図る役割を果たすべき中央相談員はいませんでした。その時に、門信徒会運動本部の相談員に任用されたのは、大分の大先輩と熊本の先輩でした。常勤は私だけで、両先輩は非常勤でした。

門信徒会運動とは、

本願を仰いで生きられた親鸞聖人に学び、常に全員が聞法し、全員が伝道して、わたくしと教団の体質を改め、同朋教団の真の姿を実現する運動です。

この運動のための具体的な取り組みとして、「門徒推進員養成のための連続研修会」（連研）を、まず組単位での実施を推進することでした。連研の対象者は壮年層で、当初は五十五歳までとしていました（当時は五十五歳が定年）。研修期間は同一人物が二年十二回の研修です。その内容は、今までのように僧侶が一方的に話すのではなく、門徒の話し合いの中から出てきた問いを中心に、僧侶とともにみ教えをいただいていく形式でした。そのために「連研ノート」が作成されました。「連研ノート」とは、話し合いの手がかりにしてもらうための問いを十二提示したノートです。「連研ノート」はA・B・C……と数冊出されていますが、Aで提示された問いを一・二記しておきます。

イ　宗教なしに立派に生活している人がいるのにどうして信心が必要なのか。

ロ　悪いことをしても念仏すれば助かるというのは合点がいかない。

などです。浄土真宗が日本で一番大きな宗旨になったのは、本願寺第八代蓮如上人のご苦労があってのことです。その蓮如上人は、『蓮如上人御一代記聞書』で、

物をいへいへと仰せられ候ふ。物を申さぬものはおそろしきと仰せられ候ふ。信不信ともに、ただ物をいへと仰せられ候ふ。物を申せば心底もきこえ、また人にも

直さるるなり。ただ物を申せと仰せられ候ふ。
（『註釈版聖典』一二五九頁）

とご教化くださったにもかかわらず、いつの頃からか僧侶が一方的に話し、門徒はただ黙って聞くということになってしまいました。「連研」はもう一度、蓮如上人の伝道姿勢を取り戻し、僧侶も聞く方に戻り、門徒も話し伝える行動を取り戻し、全員聞法・全員伝道の姿に帰ろうという試みです。

相談員はその趣旨や実践を推進するのが大きな役割でした。そのために各教区に出向し、各組にはたらきかけるため、門信徒会運動本部事務室に席をいただきましたが、ゆっくり席を温めることは皆無で、全国を駆け回りました。

その中でも特に印象に残っているのは、北海道の紋別市を中心にした北見西組です。当時は列車が通っていましたから、新千歳空港まで飛び、札幌の別院に寄り、若い職員（後に本願寺部長になった）とともに、列車で旭川を経由して紋別まで行くのですから、少なくとも二泊三日の旅程になります。当時の組長さんは興部（オコッペ）の方でしたが、私にはオコッペという地名が珍しく、頭にこびりついています。研修内容は全く記憶にありませんが、住職さん方と楽しく紋別などの夜の観光をさせていただいたことは忘れられません。

もう一つは、当時湯田温泉の近くにあった山口教区教務所での「連研のための僧侶養成研修会」です。今でも忘れられない問いは、「荘厳の灯明が智慧を表すことは理解できるが、華が慈悲という根拠はどこにあるのか」です。普段から門徒の人に話していることですが、改めて問われると即答できず、「来月までに調べてきます」と答えたものの、それから一カ月、お聖教を調べても「華が慈悲を表す」という御文はどこにもなく、ただ一カ所、お聖教ではなく、池坊の華道の書に出ていたので、翌月そのことを話して許していただきました。

山口教務所には同級生（後に宗会議長になった）もおり、教務所近くにラグビーの先輩もおられ、研修の後には毎回湯田温泉の飲食街でお世話になり、時にはパスポート持参で研修会に行き、翌日から二泊三日の韓国旅行・台湾旅行をさせてもらいました。私には山口教務所での僧侶研修は楽しいものでした。

また、組の研修で大叱られしたこともありました。富山教区のある組での研修の時、老僧の組長さんが、「君は今何歳か」と問われるので、私は「三十七歳です」と答えると、「わしは君が生まれる前から組長をしておる」と一喝されたことがあります。当時組長という役割が大寺の住職の名誉職化して、実務は組内の小寺の住職にさせていたのだと思います。このような古い体質が私たちの教団には今も残っています。

もう一つ大叱られしたのは熊本のある組で、私の話が終わった直後に一人の老僧が立ち上がって、「理屈で物事が進んだら住職は誰も苦労せんわい」と大声で、頭ごなしに叱責されました。研修を終え、熊本教区教務所に引き上げる車内で、教務所の職員に「今の人は誰ですか」と尋ねると、「本願寺の総務を何期も勤められた人だ」ということでした。私は「あの方も総務としていろいろ苦労されたのだろうな」と納得しました。

相談員として全国に出張することが多かったのですが、外に出ない時には住職向けの資料作成に多くの時間をとられました。当時、私が中心になって作成した資料を一・二挙げますと、

・『十二の問い法語集』

・『研修の基礎』

などです。若い学徒（後に龍大教授・中央仏教学院講師に就く）に手伝ってもらってまとめたものです。

また京都教務所（顕道会館内）では、京都市内の壮年の人たちで連研を始め、私が講師役を務めさせていただきました。参加された皆さんの熱意に牽引され、一期二年十二回は無我夢中のうちに終わりました。そして続いて二期目を、一期、修了者を中心に参加範囲を京都府内に広げて始めました。遠くは天橋立の観光船の船長さんが仲間の人と参加されました。船長さんは初めの頃は話し合いであまり発言されませんでしたが、終わりの頃には誰よりも発言されるようになられました。その場の熱い雰囲気は、今も生々しく頭をよぎります。

その熱意はさらに、一九八一（昭和五十八）年十月二十九日午後一時からの「地方連研修了者・受講者の集い」と続き、毎回ハガキで前もって集約してくださった問いに私が答え、それを毎回テープを起こし、ガリ版印刷三十頁前後を『私の信　私の実践を藤田徹文師にきく』という記録㈠～㈨を冊子にしてくださいました。それが後に本願寺出版部（当時）から『ともにきく』・『続・ともにきく』として二冊の本になりました。

「京都教区地方連研修了者受講者の会」は、受講者の範囲がさらに広がり、集いの名称がいつの頃からか「京都教区み教えをきく会の集い」と変わっていました。この会は一九八六（昭和六十一）年四月末に十二年間お世話になり、基幹運動本部の部長を五月に退職した年の秋まで続きました。私が本願寺を退職したことを知った会の世話役の方が心配して「お父さんが亡くなったのでは」と電話をくださったことも、今では懐かしい思い出です。前記の記録㈨の最後の頁に大きく「光あり　み教えあり　歴史ありて　今を生きる」とあります。

京都教区では、洛西に大きな団地ができたのを機縁に、都市開教の一端として団地内の集会所で、月一回の人生講座として二年間、毎月一回出講させていただいたのも忘れられない思い出の一つです。

本願寺では「連研」を始めた翌年から中央講師養成研修を始めました。受講生は全員私より年長者でした。当時きっと受講生の先輩方からは、生意気な若僧に見えていたと思います。数年前本願寺で、その時の受講生であった老僧に会って雑談している中で、「私はあなたより十歳年上ですよ」とニコッとされるので、「申し訳ありませんでした」と頭を下げました。

さらに、その翌年から「地方連研」を修了した人たちに門徒推進員の仕上げの「中央教修」が大谷本廟で開催（三泊四日）されることになりました。六十前の人が中心でしたが、かなり厳しい日程と指導でした。中に一人若い方（後に奈良教区門徒宗会議員・宗会副議長をされた）がおられ、休み時間に「講師陣はもちろん、研修生の中でも私が一番若いでしょう」と話されたので、「何年生まれですか」と尋ねると「昭和十五（一九四〇）年です」と言われますので、私が「講師の中には昭和十六年生まれがいますよ」と言うと、驚かれた様子で「どこに」と尋ねられるので、私は自分の鼻を指して「ここに」と話したことも、懐かしく思い出すエピソードの一つです。

本願寺では一九七七（昭和五十二）年三月三十一日で第二十三代勝如門主が引退され、四月一日付で三十二歳の若き即如門主が就任されました。そして一九八〇（昭和五十五）年より組巡教を始められました。門主は三十五歳、私は三十九歳でした。初めの二カ年はすべて私が随行講師としてお供させていただきました。ご巡教は兵庫教区から始まりました。即如門主のご巡教の特色は、門主を中心に僧侶・門徒の話し合いにありました。随行講師はその話し合いの中で出た問いに答えるのが重要な役回りでした。

当時、全日本仏教会の中心人物が解放同盟から糾弾され、それが各宗派に及ぶという状況でした。話し合いには当然差別問題が提起されることが予想されましたから、当初随行講師を引き受ける人がなかったのです。そんな状況の中で、常勤相談員の私がお供することになったのです。兵庫教区教務所長は後に宗務総長を務められた蓮清典師でした。この時の師との出会いによって、私が後に基幹運動本部事務部長になることになりましたが、その時にはそんなことになるとは夢にも思いませんでした。

蓮師との出会いは古く、師のご尊父がお元気な頃から報恩講のご縁をいただいており、新山口駅まで車で迎えに来ていただき、眼下に日本海の見える油谷町（長門市）のお寺まで、時間を忘れ、地元で起こった出来事（中身は秘密）などを楽しく話してくださったことを今も鮮明に覚えています。

蓮師のお寺の報恩講（三日間）の中日の午前のお座に、地元の小学校の先生方が生徒

（三、四十名だったと思う）を引率して参拝され、法座後に先生方は昼のお斎（食事）の席につかれ、酒の接待を受けられる風習が残っていたのには驚きました。

蓮師は下戸（酒の飲めない人）だったのですが、ご尊父は上戸で、朝に燗をしたお酒を井戸水で冷やして夕食に、「お酒はこうして飲むのが一番だ」と私に注いでくださったのも忘れられない思い出です。

本願寺に残された経歴では、私は一九八〇（昭和五十五）年から二〇〇六（平成十八）年まで、光徳寺住職であったことになっています。六十五歳で息子に住職を譲ったことは確かですが、就任した時期については今も自分ではよくわかりません。義父が私には何も言わずに手続きをしたからです。今では考えられないことですが、私が京都に向かう時、義父に実印を渡して出た結果、義父母も七十過ぎで寺の将来に不安を感じての実力行使だったのでしょう。

私もその頃、山科の家が道路拡張のために取り壊されるということになり、毎日の朝刊の折り込み（新しいマンションなどの広告）を見ながら、新たな住居を探すことで頭がいっぱいでした。本願寺に通勤できる範囲と考えていると、京阪木幡駅前（ＪＲ木幡駅も近い）のマンションが一室だけ空いていました。四号棟の一〇八号室でした。いまだに「四は死」と嫌う人がいる上に、一〇八は煩悩の数と避けられたのが私たちには幸いしました。間取りは三ＬＤＫで申し分なく、中学校が隣接し、小学校も遠くありませんでした。しかし、そのマンションを買うお金がありません。お金を借りるにも保証人を広島の義父に頼むわけにもいきませんし、大阪の母に話しもできず困りました。結局、住宅販売会社への支払いは大銀行で三十年の分割ということにしてもらいました。私は広島の寺に帰ってからも七十三歳まで支払い続けました。こんなことをくどくど書くのは、伝道院にいた同教区の人物が、「藤田は本願寺のお金をちょろまかしてマンションを買った」と教区全寺院にハガキを出し、ハガキを見た人の中にはそのことを鵜呑みにして、私を非難した人もいました。また妻の母も心配して私に問うたことがあります。私は後に部長もしましたが、事務には疎い方で、金銭のことは一切部下任せでした。

子ども二人も元気に小学校へ通い、私は一時車で通勤しましたが、大谷本廟の横を通る国道一号線も桃山御陵からの国道二十四号線も渋滞するので、以後ＪＲを利用しました。その方が帰りは京都駅付近の飲み屋で一杯やるのにも好都合でした。

私が宇治の木幡に居を移すと、その近くのお寺のご縁をいただくことが多くなり、そのつながりで京都教区呉竹組（伏見区・宇治市・長岡京市）の若手僧侶の人たちと「連研ノートA」の十二の問いをテーマに毎月勉強会をもたせていただくことになりました。そこでの話を録音して、後に会員の人たちが手分けしてテープを起こしてくださいました。それが後に探究社から『念仏に生きる』全四巻となって出版されました。私の初期の本は「話したもの」や友人の寺報に連載したものを本にしたもので、初めから本として出版しようとして執筆しだしたのは五十歳前後からです。それにしてもいつの間にか自著が百冊を超えました。その都度、多くの人にお世話になりました。

中でも若手宗務員の人たちと力を合わせて出版にこぎ着けた『御同朋聖典』（永田文昌堂）は、門徒推進員の人たちの「私たちが読める聖典がほしい」の要望に応えたいと一番汗を流したものです。私は今もこの聖典で毎月講座を続けています。

㋔ 伝道院に戻る

一九八一（昭和五十六）年四月から、ぜひ伝道院に戻れということで、喜んで戻ることにしました。相談員の仕事に何の不足もありませんでしたが、伝道院でお世話になるつもりで広島を出てきましたから、初心に帰る気分でうれしかったのです。

私が伝道院に戻ることになったのは、伝道院講師と研修指導員が全員辞職したからです。先生方は、その後お会いしても総辞職の理由を全く口にされませんでした。私が少したって気づいたのは、私がお世話になった頃の伝道院には部長と名のつく方が三名おられました。研究部長・研修部長・事務部長ですが、それが部長は一人で、研究部・研修部は主任制度になって部長職がなくなっていたことです。伝道院の機構変えで意見の衝突があり、講師の先生と指導員が総辞職されたのです。

伝道院はこれまで研修を担ってきた先生方が全員辞任したので困り果てて、しばらくでも研修（住職課程・布教講会・布教使養成の短期研修）に関わってきた私を研修主任として呼び戻したのです。四月一日に戻ると同時に住職課程のカリキュラムの作成。これは従来のものをほとんど踏襲し、新しく連研や日曜学校関係の講座をいれました。カリキュラムはどうにかなりましたが、今まで伝道院に関わってくださった先生方は全員辞職されましたから、新しく講師を迎えるのに一苦労しました。先輩や知友の協力を得て、無事に二年間の研修主任の役は果たしました。

私は伝道院に籍を置いて、仏教壮年会（当初は所属団体ではなく、全国仏教壮年会議といった）・仏教婦人会連盟・仏教青年会連盟・日曜学校連盟との関わりを持ち、仏教婦人会連盟の機関誌『めぐみ』に「正信偈講座」を連載し（後に『女性のための正信偈』、さらに後に『やさしい正信偈』として本願から出版）、仏教青年会では、中垣昌美先生と西脇正文先生と私の共著で『仏青学習プログラム』を出し、日曜学校関係では数種のパンフレットなどに執筆しました。

また、本願寺の新しい取り組みとして、「生涯聞法体系」の作成に関わり、後にそれの資料として武田智徳部長と三宮義信部長と私の共著で『み仏と供に』を出版しました。この出版の時に三宮部長は「武田部長は昭和五年生まれ、私は昭和六年生まれ、藤田君は昭和七年生まれか」と言われますから、私は「昭和十六年生まれです」と答えると、両部長は「君はそんなに若いのか」と驚かれました。

私は若い頃から人の目にはよほど老けて見えていたようです。二十歳の頃に「三十ぐらいか」と言われ、当時四十前なのに五十前に見られていたのです。後に門信徒会運動本部事務室長の時に、席の温まる間もなく全国を飛び回る私を見て、豊原大潤総長は「君の下に若い部長を置いてやったから、これからは今まで以上に全国を飛び回ってくれたらいい」と言われました。そこで私は「あの若い部長と私は同年生まれです」と答えました。豊原総長は「君はそんなに若いのか」と驚かれました。その時私は四十四歳でした。老けて見られて損だという人が多いのですが、私は老けて見えることで、いろいろ得をしてきた口です。

㋕　門信徒会運動本部・同朋運動本部の両事務室長に就く

一九八四（昭和五十九）年三月の彼岸の法要が終わった後であったと思いますが、当時門信徒会運動本部事務室長であった蓮清典師から「会って話したいことがあるので、参拝部で待っているから来てほしい」と電話があり、私が「どのようなことでしょう」と問うても「会って直接話したい」とのことでした。

私は指定された時間に参拝部に行くと、蓮室長は「ここでは話しにくいので」と、書院の国宝「鴻の間」の前の廊下で、周りに人の姿がないことを確かめた上で、私に

「君、僕の後を引き受けてくれないか」と切り出されました。私はその言葉がとっさに理解できず、返事の言葉が出ませんでした。躊躇する私を見て、蓮室長は「実は今年の夏の宗会議員選挙に立候補するつもりで、豊原総長の了解も得ている」と話されました。私はこれまでに事務をしたこともありませんし、立案一枚書いたこともありません。「私には務まりそうにもありません」とお断りしました。それなのに蓮室長は「急な話で、君もすぐには返事しにくいだろう。月末まででいいから」と。私も「そうさせてください」と別れて伝道院に戻りました。そのまま数日が過ぎ、蓮室長からの連絡もありませんので、室長就任の話しはなくなったものと思っていました。

ところが、四月一日の人事が宗務所内（当時は五棟に分かれ、廊下でつながっていた）で放送され、伝道院にも直ちに連絡がありました。経緯を知らない周りの人たちは驚きましたが、中でも一番驚いたのは私自身でした。どうしていいかわからずに戸惑う私に、周りの人は「とりあえず宗務所に行け」と言ってくれたところぐらいまでしか思い出せず、後はどうなったのか、辞令をもらったかどうかも一切記憶にありません。私はその時かなり動転していたことは確かです。

その四月中頃から五月中頃に本願寺第二十四代即如門主夫妻が、初の海外ご巡教でブラジルに行かれることになったのです。その話を聞いた時、国際部長に「私は若い頃にブラジルに行ったことがあり、ポルトガル語が少し話せますよ」と冗談交じりに話したことがあります。

私は大学時代、第二外国語として「ポルトガル語」を学び、大学院時代に利井明弘師を団長としてブラジルを巡回した経験がありますので、片言ぐらいは使えましたが、「話せる」と人に言えるほどのものではありません。それがご巡教の担当総務の耳に入ったのでしょう。早速ブラジルご巡教の随行講師に任命されました。前半は中西智海先輩で、後半は私が務めさせていただきました。

随行長も前半は豊原総長で、後半は日谷周暎総務でした。日谷総務は何かにつけて厳格な人でしたから、多くの宗務員はその姿を見ただけで緊張していました。ところが、私にはとても優しい人でした。そのエピソードも順を追って話していきましょう。宗務員の多くは、私が日谷総務と一緒にブラジルへ行くと聞いて、「大変なことになったな」と心配してくれました。

四月末、日谷総務と二人でブラジルのヴァリグ航空で、カーニバルで有名なリオに向かい、乗り換えてサンパウロに着きました。当時ヴァリグの機内サービスは世界一と言われるほどよかったのです。総務はビジネスクラスで、私はエコノミークラス。下戸の総務は言葉の通じない中の一人旅同然で、私は片言が話せ、ウイスキーも飲み放題（他に例のないサービス）で、ウイスキーと水（水割りは日本独特の飲み方）とクッキーがあれば、退屈する間もないぐらい飲んで寝てを何回か繰り返したことしか覚えていません。酔いもさめぬうちに思い出のサンパウロ空港に着きました。到着後、日谷総務が「なぜわしを一人にしておくのか」と言われるので、「私もビジネスクラスに乗りたかったのですが、私の立場ではエコノミーなのです」と答えるしかありません。

着くなり帰りの話はおかしいのですが、帰りのフライトは日谷総務のはからいで、私もビジネスクラスで楽をさせてもらいました。

ご門主夫妻も三日ほど休息され、豊原総長と中西先輩は日谷総務と私との引き継ぎを済ませ、サンパウロを離れられました。どこのお寺にご巡教されたのか一切覚えていませんが、どこのお寺でも式次第は日本でのご巡教と同じで、勤行（「正信偈」）、ご門主のお言葉、随行長挨拶、随行講師法話、話し合いですが、ブラジルではご門主夫妻を囲んでのパーティーが必ずあるのです。随行長はご門主の脇に、私はお裏方の脇にと離れるのが常ですが、日谷総務は「わしの横におってくれ」と言われるので、どこのお寺でも、私は常に日谷総務の横の席に着きました。

各寺総代、仏教婦人会会長、役員方がビールを注ぎに回られます。日谷総務は下戸の上に、コーヒー・お茶さえも飲まれない方でしたから、ビールの注がれた私のコップが空になると自分のコップと入れ替えるのです。アルコールが嫌いでない私は常に他の人の二倍、いや三倍ほどいただくことになりました。もう一人分はというと、ご門主の分が回ってくるのです。お裏方はご門主に注ぎに来る人に、「ご門主はあまりいただけませんので、そちらの先生に」と言われ、ご門主の分も私に回ってくるのです。

ご門主のご巡教は準国賓扱いで、どの州でも州の軍隊が先導し、町に入ると先導車がピーポー、ピーポーと音を出して町中を回り、お寺に着くのです。

ご巡教には時々休息日があります。ご門主夫妻がショッピングなどをされる時は、私と随員がお供し、当時ブラジルでは定価はかなり高くついていましたから、定価の三・

四割、時には五割「値切る」のが当たり前のことでした。ですから、ご門主夫妻に「買いたいものがあれば、お札は出さないで、指で示してください。値段は私が交渉しますので」と言って、大阪生まれの大阪育ちの私は「まけとけ（値引きしろ）」と片言のポルトガル語で交渉するのです。

ご巡教の予定が終わり、みんなでイグアスの滝を見てから隣国のウルグアイに行くと、街の大通りにたくさんの露店が並び、当地の珍しい土産物を売っていました。私が時々冷やかし半分で値切っている姿を見ておられたご門主が、「これを買いたい」と指さされますので、私はいつものように「お札は見せないように」と言って値切り始めました。もう少し値切れると思った私が、さらに値切ろうとしていると、横におられたご門主がポケットからお札を出されたのです。お札を見た商人は、ご門主のお札を指さして頑張り、私の交渉が無になったことも忘れられない思い出です。

ご門主夫妻がホテルでゆっくりされる時には、総務と随員と私の三人はサンパウロの日本人街などでウインドーショッピングをして、昼には街の食堂に入りました。ブラジルの一人前は日本の二人前以上の量であることを以前の経験で知っています。二人前を三人が取り皿で分けても余るぐらいです。食事の折には日谷総務が私に「藤田、飲め」と言ってくださるので、私はお言葉に甘えて昼食時から一杯やっていました。随員の人もお酒が嫌いでなかったのでしょう。三人で食事に出た何回目かに、総務の顔色を見ながら「私も一杯いただいていいでしょうか」と尋ねると、総務が即、「バカ野郎」の一喝です。飲んでいる私も少しつらかったことを覚えています。

総務と私はご門主夫妻と随員とは別便でブラジルを離れましたが、帰国の数日前に南米開教本部の方がご門主夫妻に「せっかくブラジルに来ていただいたのに、カーニバルを見ていただけません。カーニバルショーなら毎夜やっている劇場がありますから案内させていただきます。開幕時間が深夜十一時ですが、どうしましょうか」と尋ねられました。ご門主夫妻は「ぜひお願いします」と言われましたが、日谷総務は「ワシはやめとく、藤田が随行長代理でお供せよ」と言われ、早々に部屋に入ってしまわれました。

その夜十時頃、開教本部の方に迎えに来てもらい、ホテルを出て劇場に向かいました。劇場に入ると舞台の真ん中から長い花道が出ていました。私たちは花道の真ん中辺りの真横に席を取ってもらい、ご門主、お裏方、私、開教本部の方と縦一列に座り、開幕を待ちました。ブラジルのカーニバルの熱気は、その場に身を置いたことのない人にはどれほど言葉を尽くしても感じてもらえないと思います。リオのカーニバルが有名ですが、カーニバルの行事はブラジル全土で盛大に行われるのです。それも深夜の十一時過ぎから翌早朝までです。

私はブラジルを巡回した時、カーニバルを見ましたが、その時は上から踊る老若男女を見ました。ショーでは出演者は若い女性ばかりで、それを真下に近い視線で見るのですから、趣が全く違い、私はいささか興奮しました。

カーニバルは六十歳前だったと思いますが、利井師を誘い、妻も一緒に二十名ほどの団体で、リオのカーニバルを見に行きました。この時はアルゼンチンのブエノスアイレスにも行き、タンゴのショーも見ました。サンバとタンゴは全く雰囲気が違います。ワインを口にしながらタンゴを見た時の気分も格別のものでした。

日谷総務と帰途、ハワイのホノルルで二泊し、いよいよ日本に帰る日の朝、身支度をしていると総務から「部屋に来い」との電話です。飛んでいきますと、「鏡の前に座れ」と言われ、訳もわからずに鏡の前に座りますと、総務が私の頭に何かを塗りつけ、「久しぶりに奥さんに会うのだから、白髪が目立たないように染めてやる」と、丁寧に白髪染めを塗ってくださったのです。

当時はホノルルから大阪の伊丹空港への直行便があり、空港を出ると妻が車で迎えに来てくれていました。何も知らない妻は「ブラジルに行くと白髪がなくなるのですか」と驚いていました。ところが翌朝起きて枕カバーを見ると、白いカバーが黒ずんでいました。忘れることのできない懐かしい思い出です。

ブラジルご巡教の間に、同朋運動本部事務室長であった清胤徹昭師が退任され、私は何があったのか訳のわからないうちに両運動本部の事務室長になっていました。

五月二十一日の親鸞聖人の降誕会（お誕生祝賀の法要）の数日前に帰国し、一日だけ休ませてもらって、本願寺に出勤すると私には二階の門信徒会運動本部事務室と一階の同朋運動本部事務室の二つの席が待っていました。

両運動本部事務室長としての話の前に、清胤師の話しを少しします。師が東京で活躍されていたことは耳にしていましたが、面識は全くありませんでした。私が昵懇にしていただいたのは、師が本願寺を退職され、布教使として大活躍されるようになってからです。ある時、師のお寺がある安芸教区山県太田組の崇徳教社（広島の崇徳高校を設立した親鸞聖人の教えを広布する講組織）の三日間の大会（八月末）に出講した時、師が「藤田君、大会の終わった後、一晩うちの寺でゆっくりして行け。ところで君は鮎はどうか」と言ってくださったので、私は「鮎は大好きです」と答えると、「それはよかった。それでは鮎で一杯やろう」ということになりました。

温泉のような大浴場に入れていただき、庫裏の広い昔のままの台所に案内されて驚きました。土間に大きな「たらい」と「バケツ」が二つあり、水面が見えないほどたくさんの鮎が泳いでいました。その鮎を清胤師ご夫妻と、師と私の共通の友の四人でいただくのです。骨を抜いた刺身、骨ごとの刺身、塩焼きなどの楽しい酒席でした。あんなにたくさんの鮎を一度に食べたのは、後にも先にもあの時だけです。その時の光景は今もはっきりと覚えています。

もう一つ清胤師との忘れられない思い出は、本部室長になって二年目のこと、山口への出張の帰り、新幹線のグリーン車に乗ると、清胤師と私も親しい下関在住の仏教婦人会総連盟の役員の方にバッタリお会いしました。当時、新幹線には二階のある食堂車が連結されていました。清胤師は私の顔を見るなり、「食堂車に行こう」と誘ってくださり、早速食堂車で三人の酒席が始まり、京都駅に着いてしまい、「グリーンの席料がもったいなかったな」と笑いながら三人とも下車しました。

その時の話の中で、「藤田君、まだ室長しているのか。ああいう役職はあんまり長くするもんじゃないよ。敵をつくるばかりだからな」と言ってくださったのを、本願寺を退職して三十年以上過ぎた今も鮮明に覚えています。光徳寺の十三代目（明治の中頃から大正時代の住職）住職が清胤師と同じ「徹昭」です。実は私の記憶に全くない実父も、字は違いますが「徹詳」です。私は今も清胤師との深い深いご縁を感じています。

私はブラジルから帰ってすぐに両運動本部の事務室を宗務所二階の一つの場所に移しました。そしてまず取り組んだのは、宗派として初めての全国組長研修会の準備です。本願寺派は全国を三十一の教区、さらにその中を五百三十二の組に分けて組織・管轄しています。寺院は直属寺院（別院・教堂）と一般寺院・教会で、合わせて当時は一万五百カ寺ありました。国で言いますと、組長は市町村長に当たります。一応選挙で選ばれることになっています。教務所長の研修はありましたが、組長研修を直接本願寺で実施するのは初めてのことでした。この研修の企画は蓮室長の時にされたものですが、内容については一切手が付けられていませんでした。

当時、総局公室長（スケールは全く違いますが、国で言えば官房長官）を議長に、重立った部長五、六名で企画会議を行い、総局（内閣）の決定事項の内容を審議し、実施することになっていました。室部長では最年少の、何も知らない私が公室長の横の席に座り、全国組長研修の実施について提案して、内容についてはベテラン部長方の意見なり助言をいただくのです。

ベテランの部長方は、海千山千の組長方の研修は一筋縄ではいかないだろうと心配してくださいました。そんな部長方の話を聞けば聞くほど、私は心底から負けん気が吹き上がってきていました。ところが、本願寺の法規に関わる最長老の部長の、人を小馬鹿にしたような口調の、「やれるものならやってみたら」という言葉を聞いた途端、頭に血が駆け上がり、思わず立ち上がって「廊下に出ろ」と叫んでいました。ベテラン部長はその勢いに身を縮めました。中でも発言した最長老が一番縮み上がりました。記録をとっていた私の事務室の賛事二人が私の両手をつかまえて、「室長、ここは辛抱してください」と叫びました。これが私の両運動本部事務室長としてのデビューでした。

組長研修会はその年の秋に、全国を五ブロックに分けて、総長・総務列席の中で案外スムーズに実施されました。その証拠に、私はその内容を全く覚えていません。何か難しい問題が起こっていたら記憶に残っているはずです。

組長研修会で記憶にあるのは、企画会議の件と、もう一つ、ブロックごとの組長代表者会の打ち合わせで、大分教区の組長代表が舌鋒鋭く厳しい意見を述べられたことです。内容は覚えていませんが、私がその意見に強く反発したことは覚えています。打ち合わせの終了間際にその方が、「運動本部の室長はそのぐらいの強気でないとできんわな」と言われました。以後、その組長は顔を合わすと、いつもにこやかに話しかけてくださり、いい関係を持たせていただきました。

意見が衝突した直後に親しく話しかけてくださったことで、今も鮮明に記憶に残っているのは、築地別院での東京教区組長研修でのことです。私は前夜に教区相談員と夕食を兼ねて打ち合わせをしました。相談員の悩みは「組長方に若い私の言うことをなかなか素直に聞いてもらえない」ということです。いろいろ話している中で、彼は「明日の研修会の最後の話し合いの場で、私を厳しく叱ってくださいと言い、さらに「私はそのことを逆手にとって、『室長にあんなに厳しく叱られるのだから、組長さん方も少しは私の立場を考えて、私の言うことを聞いてください』と組長さん方にお願いすれば、私の言うことを今までより聞いてくださるようになると思う」と言うのです。

翌日の研修が話し合いになった時に、私は昨夜の打ち合わせ通り、「相談員がしっかりしないから教区の運動が進展しない」と厳しく叱りました。ところが昨夜の打ち合わせのことを知らない一人の組長さんが立って、「本願寺の室長は教区の職員を叱るためにわざわざ東京に来たのか」と一喝し、続いて本願寺の宗政のあり方を厳しく批判し、私を叱りつけるように話されました。私はただ頭を下げて、その言葉を聞くしかありません。教区相談員も申し訳なさそうに横目で私の方を見るだけです。前夜の打ち合わせは大失敗でした。ところが、研修後に銀座の料亭で懇親会が始まると、昼に私を一喝した組長さんがニコニコと酒を注ぎに来て、「初対面のご挨拶はあの程度でお許しいただけますか」と話されるので、私は「結構なご挨拶、恐縮つかまつりました」と返事し、二人で大笑いしたことは忘れようがありません。

もう一つは、近江八幡市にある八幡別院での滋賀教区総代研修の時の話です。研修後の質疑が始まると一番に手を挙げた総代さんが、「私たち総代がいくら頑張っても、住職が兼職で、どちらが本職かわからないようでは、総代の立場がない。総代より住職を本願寺が厳しく指導する方が大事だと思うが、室長の意見を聞きたい」という厳しい意見です。私は「世の中に初めから兼職したい人などいない。それが経済的に難しいので兼職してでも寺を護持しようとされている住職さんを、批判的に眺めている総代さんの方に問題があるのではないか。専業できるものなら誰も兼職などしたい人はいない。総代はそのことを理解し、専業できるように門信徒の先頭に立つ役職ではないか」と強く諫めました。この時も懇親会が始まると、一番に先ほどの厳しい質問をした総代さんが酒を注ぎに来られました。私も少し強く言いすぎたかなと思い、また先ほどの答弁についてグズグズ言われるのではと、少し身構えました。ところがその総代さんの口から出た言葉は真反対でした。

先生、先ほどは失礼しました。先生のお答えで大切なことを気づかせていただきました。私は総代研修のたびに先ほどのような質問をしてきました。今までの先生方は「本願寺に力がないために総代さん方にご苦労をかけます」と答えられました。先生のようなご指導は初めてです。私が少し心得違いをしていたことに気づかせていただきました。

と話してくださいました。その言葉を聞いて、私の肩の力が一気に抜けるとともに、その総代さんの手を強く握りしめ、「これからもよろしくお願いします」と話したことが、昨日のように懐かしく思い出されます。

本願寺には両運動本部事務室長になるまで知らなかった行事がありました。それは毎年五月に行われる宣旨（天皇から親鸞聖人と蓮如上人に大師号を諡された書）奉送迎です。親鸞聖人には一八七六（明治九）年に見真大師、蓮如上人には一八八二（明治十五）年に慧灯大師という大師号が明治天皇から諡されていますが、その二つの宣旨を東西本願寺が別々に保管し、毎年五月にその宣旨を交換する儀式が宣旨奉送迎です。両本山の総務が毎年交互に色衣・袴・五条袈裟姿で供を一人連れて宣旨を奉持し、勅使門（お西では国宝の唐門）から入り、対面所で宣旨を交換される儀式でした。

その儀式を私が室長の時にやめました。当時、両本山で時を同じくして御影堂の内陣正面の大師号が問題になっていました。憲法が変わり、国の体制も変わり、天皇のあり方も変わり、人間平等の教えの世に、いつまでも天皇からの諡を前面に掲げてありがたがっているのは時代錯誤ではないかという意見も多く、またご門主のご巡教の中でも、「門徒として親鸞聖人にじかに向き合いたくて本山に参るので、天皇からの大師号が前面にあるのには何かひっかかるものがある」という意見がたびたび出ました。その都度、答弁する随行講師でもあった私も明解な返答ができず困りました。

本願寺派では、いつの間にか「大師号」に対する問題意識がなくなったようですが、大谷派では今もたびたび問題視する意見が聞こえてきます。また、本願寺派のご法義地と言われる広島のお寺にも、本尊の阿弥陀如来の正面に「見真」額を掲げているところがあります。阿弥陀如来の前面に額を掲げるのなら、阿弥陀如来のお徳を讃嘆する言葉がふさわしいと思います。ちなみに見真大師・慧灯大師の両宣旨は、現在は本願寺派で保管されています。大谷派の方が「ご本家で保管してください」と言われ、宣旨奉送迎はスムーズに終わることができました。

私が両運動本部事務室長になって一年が過ぎた頃、同朋運動本部の中心的な役割を担ってこられた本部員に辞任していただきました。この問題は私が運動本部を離れるまで尾を引きました。私がこれまで同朋運動の中心的役割を担ってこられた本部員に辞任していただこうと思ったのには、いろいろ理由がありますが、その二、三を記しますと、第一に多くの教区では同朋運動が恐ろしい運動というイメージを強かったことです。その原因が、差別解消を強く願っておられるはずの本部員にあったのです。ご本人たちは全くお気づきでなかったと思いますが、私は門信徒会運動本部の常勤相談員として各教区を巡回していた時に、教務所の職員や各教化団体の役員の人と懇親の席で聞こえてきたのは、「教区の研修会で一番疲れるのが同朋研修だ」という声でした。「どう疲れるのか」と尋ねると、「本山から来ていただく本部員の先生の機嫌を損ねないようにするのに疲れる」との返事です。

気疲れの原因として、まず研修会に参加した人の発言に神経を使うということでした。問題発言があった時、その人を懇ろに指導するのではなく、頭ごなしに責めるようなことがあり、研修会の世話をする者が板挟みになり、苦労することがしばしばあったというのです。ある教区の婦人研修会では、「なるべく発言しない人に参加してもらうようにしていた」と聞きました。また教務所の職員は研修会後の接待も他の研修会に来てくださる先生方の二倍も三倍も気を使ったとのことで、中には「同朋運動の本部員さんの時には、本山職員が必ず同行し、教区の同朋運動の役員も加わって、まるで大名旅行です」という話さえありました。

私は相談員時代にそんな話を聞いても、そのまま信用できませんでしたが、室長になり同朋運動の本部員会議に出席して、教区の人たちの話がわかるような気がしました。各教区の研修会への本部員の出講を決める話し合いの時に、教区の実情や要望など全く考慮されず、各本部員が「北海道には行ったことがないので一度行ってみたい」、「九州の○○に一度行ってみたい」と、物見遊山にでも行くような発言です。それを中心的役割の本部員が、「それなら○○教区には誰と誰が行け」と決めていくのです。同行する本山の職員まで指名です。

私は現状を先輩部長で同朋運動本部の室長をされた人にその話をすると、「それでいいんだ。ところで君は室長の辞令が出た時に、A本部員の寺に挨拶に行ったか」と言われ、私は「行っていません」と答えると、「君は若くて何も知らないからダメだ。室長の辞令をもらったらすぐにA本部員のところに挨拶に行き、A本部員の指示通りに動いていればいいのだ」とのことでした。そう言われれば担当総務も同朋運動に関しては全く私に指示されることはありませんでした。

後でわかったことですが、豊原総長にはそのような同朋運動のあり方を変えなければというお考えがあったのです。その証拠に、中心的役割を果たしてきた本部員を更迭することに一言もなく同意し、また同朋運動の当初から関わってこられた重鎮の本部員が総長に直接「私を糾弾する」手紙を送付されましたが、総長は私にその手紙を渡して、「いろいろ大変だろうけど、頑張ってくれ」と励ましてくださったのです。

また、両運動本部の担当総務は国府教区（新潟）ご出身の黒山秀行師でした。A前本部員は黒山総務を本山前の旅館に呼び出し、長い間同朋運動に関わってきた本部員のあり方への理解を求めようと試みましたが、黒山総務は私に声をかけ、「A師が同朋運動について話があるとのことだから一緒に来てくれ」と言われ、私は黒山総務のお供をして指定された旅館に行きました。A師は私が一緒ということを旅館の人に聞いて、顔も出しませんでした。しばらく待ったのですが、私がいては話ができないとのことで、結局総務と私は旅館を出ました。黒山総務は些細なことでも運動に関することは、必ず私の意見を聞いてくださいました。私もおおらかな黒山総務のお人柄に全幅の信頼を置いていました。このことが後に一度辞表を出して本願寺を退職した私が、再び本願寺に復職した大きな理由です。

黒山総務のおおらかさを象徴する話で、私が今も懐かしく思い出すのは、黒山総務のお寺は新潟の港町にあるそうですが、ある時、お寺の総代さんが「こうあん委員長を引き受けてくれないか」と頼みに来られたそうです。総務は「こうあん」を「港湾」と聞き、大半がご門徒の港町の委員長なら、運営はご門徒さん方がしているのだからいいだろうと思って簡単に引き受けられたそうです。実際には新潟県の公安委員長を引き受けることになったと、黒山総務の笑いながらの話です。

A前本部員や重鎮の前本部員の威嚇は、差別問題に今まで関わってこなかった私には脅威でした。「私たちがいなくなったら部落解放同盟は黙っていないだろう」という言葉です。この言葉が本願寺内で前本部員の人たちの立場を不動のものとしてきたのです。事実は全く違って、私が運動本部の室長としてお付き合いさせてもらった部落解放同盟の方は、上杉佐一郎委員長さん、大西正義副委員長さん、小森龍邦書記長さんをはじめ、多くの解放同盟の方々は浄土真宗の有り難いご門徒さんでした。

先に名を挙げた解放同盟の三人の重役方と本願寺で懇談した時に話されたのは、「解放運動の先輩方が本部員でおられた時は、私たちは本願寺と直接話し合うことができなかった。あの人たちは何があっても私たちが本部員でいるのだから、私たちに任せてくれと立ち塞がって、本願寺と面と向かって話し合うことができなかった。これからは何かにつけて室長さん、よろしく頼むよ」ということでした。事実、その後は個人的なことでも、解放同盟の重役方は私に相談してくださいました。

上杉委員長さんは福岡の方でしたが、奥さんが亡くなられた時に私に電話をしてこられ、「妻の葬儀の導師をしてほしい」と言われました。私は「葬儀はお手次のお寺の住職がされるものですよ」と言うと、「あの住職にはどうしても依頼したくない」とのことなので、「どうしてですか」と尋ねると、「お通夜の勤行（おつとめ）に一時間以上も遅れてきた。忙しい中をわざわざ来てくださった多くの人に申し訳なく、私の面目も丸つぶれで、住職には葬儀を頼む気にならない」と言い、「どうしても室長に頼みたい」とのことでした。それで私が葬儀の導師を引き受けたら、本願寺の組織をつぶすことになります。私は福岡教区教務所長に事情を話し、導師を引き受けてもらうことにして、その旨を上杉さんに話し、葬儀には私もお参りさせていただくということで了解をいただきました。式は千人近く収容できる会館で行われました。お参りの人たちには芸能人やお相撲さんもおられ、私の斜め前には大横綱の「千代の富士」の姿もあり、印象深く覚えています。

大西正義副委員長さんは仏教青年会員として敗戦で荒れた本願寺百華園の池の掃除などをされたことを懐かしそうに話される有り難いご門徒さんでした。大西さんは一九七九（昭和五十四）年の「第三回世界宗教者平和会議」差別発言の糾弾の先頭に立たれた方です。この糾弾によって、仏教各教団が差別問題に取り組むようになり、私たちの教団が中心的役割を果たして「同和問題に取り組む宗教教団連帯会議（同宗連）」を結成されました。

解放同盟の委員長、副委員長、書記長との何回目かの会合を本願寺でもった時のことでしたが、話し合いが終わり懇談していると、突然大西さんが「室長、親父の法事のお説教に来てもらえないか」と言われ、それを聞いた上杉・小森の両氏が同時に、「室長のお布施は高いぞ」と笑いながら言われました。大西さんは真顔で「お布施がいくら高くとも法事のご法話をお願いしたい。親族や知友に、室長のご法話をぜひ聞いてもらいたい」と懇願されるので、「お手次の住職さんがいいということなら行かせてもらいます」と返答しました。日時は日曜の十時からとのことであり、勤務に問題はありません。住居は兵庫県の丹波で鉄道の便もいいから交通の問題もありません。翌日、大西さんから電話があり、「早速住職に話して了解をいただいたのでお願いします」とのことでしたので、「はい、わかりました」と即答させてもらいました。

法事の当日、大西さんは紋付袴の正装でお迎えしてくださいました。広いお家で、お仏壇も一間幅の立派なもので、荘厳も正式にされ、五十人近いお参りの人でした。住職の勤行に続いて法話をさせていただきました。話の内容は全く記憶にありませんが、後の懇親の場のことはよく覚えています。体育系の大学を出られ、中学の体育の教師をしておられる住職さんと私が上席に座し、大西さんは住職さんの斜め横に座ってお酒の接待をしてくださいました。

お酒が進むにつれ、住職さんは上機嫌で話されるのはいいのですが、大西さんの頭を叩きながら「こら、正義」と、施主である大西副委員長に話しかけられるのです。大西さんは手で頭をかばいながら、「これがなければいい住職なんですよ」と話された姿が忘れられません。大西さんはこの後、京都に来られるたびに新しい宗務庁舎に挨拶に来てくださいました。職員はそのたびに緊張しますが、ご本人はいたって温厚な方で、いつも笑顔で私としばらく雑談をして帰っていかれました。

一九八五（昭和六十）年の兵庫教区の組画変更の実現も、大西さんの問題提起によるものです。兵庫教区には同じ地域に二つの組がありました。その根っこには差別の問題があったのです。そのことに多くの住職さん方は気づいておられたと思いますが、誰もそのことを言い出せませんでした。その異常さを指摘し、改組すべきことを強く働きかけてくださったのが大西さんです。改組が実現した記念式典が神戸市内のホテルの大ホールで行われるからと、私に招待状が来て三日ほど過ぎた時、大西さんから電話がかかってきました。「室長、兵庫教区はどうなってんのかな。問題提起した私には全く連絡がない。会場の隅でいいから私も改組の喜びの席にいさせてもらいたい」という話です。私はすぐに兵庫教区の教務所長に電話をすると、教務所長は「大西副委員長に大変申し訳ないことをした。早速、招待状を送るので、室長からも大西さんに連絡してほしい」と平謝りだったので、その旨を折り返し大西さんに電話をしました。

式典当日会場に着くと、舞台の最前列に大西さんの席が設けられ、私がその隣席でした。大西さんは大いに恐縮されて、「私は会場の隅でよかったのに」と、繰り返し私に耳打ちをされました。大西さんの人のよさを改めてしみじみと思ったことが昨日のことのように懐かしく思い出されます。

小森龍邦書記長さんとは同じ備後であり、とりわけ親しく仕事をさせていただいたと思います。当時、糾弾会がよくあったので、小森さんはその人柄を誤解されていたのではないかと思います。本当はお酒は全くお飲みにならない、物静かな思索の人だという印象が私には強く残っています。小森さんは言うこともはっきりと言われますが、人の話もしっかり聞かれる有り難いご門徒です。

ある時、府中市の職員から電話があり、「小森さんが山陰の妙好人（善太郎・才市・源左同行）のご縁の寺に参拝したいので、藤田さんに紹介を頼んでほしいとのことで電話させていただきました」と。「参拝の動機について小森さんはどう言っておられましたか」と尋ねると、その職員は「理由は聞いていませんが、小森さんのことですから妙好人の差別性をお調べになるのでは」との答えです。私は即座に「妙好人のご縁に遇いたいということなら紹介しますが、差別性などと言われるのでは紹介できません」とお断りしました。職員は慌てて「差別性などと言ったのは私の思いで言ったことで、小森さんのお気持ちをよく聞いて、また電話しますので……」と電話は切れました。

翌日、小森さんから電話があり、「昨日はバタバタしていて、市の職員に頼んでから一日中走り回って、夜中に電話の子細を聞きました。私は若い頃から妙好人に関心があり、一度訪ねてみたいと思っていたのが、やっと二、三日時間がとれたので参拝したいと思ったので他意はありません。ぜひ、お寺の方に一言口添えをいただきたい」との丁寧な電話でした。私は小森さんの話に納得がいき、いつ頃行かれますかと日時を訪ねた上で、「よろこんでご紹介させていただきます」と返事をしたことでした。

差別法名の調査をした時に、地元の備後教区でも数件の差別法名が出てきて、お寺の過去帳の取り扱いなどについて、小森さんを中心に解放同盟とも話し合い、お寺の過去帳を非公開にしました。ところが後日、ＮＨＫの人気番組でお寺の過去帳を見せる事件があり、私は自分のやってきたことは何だったかと悲しくなりました。また、安芸教区選出の宗会議員（当時、総務）のお寺の幼稚園で人権問題が起こり、小森さんの協力をいただき、私も何度も足を運び解決したのも忘れられない出来事です。

私が初めて糾弾会に出たのは一九八三（昭和五十八）年に起こった、奈良教区Ｋ村住職差別事件の何回目かからです。私にとって初めての経験でしたから、糾弾会の様子がよくわからず黙って聞いていましたが、糾弾する側の一方的なあり方（糾弾される側は黙って皆下を向いて、嵐の通り過ぎるのをじっと堪えている感じ）でした。私はそんなあり方に辛抱できず、立ち上がって反論すべきところは反論しました。糾弾する人も私の態度に少し戸惑った様子でした。その日の糾弾会が終わった時に、糾弾の先頭にいた人が、「室長、今晩少し付き合ってほしい」と言うので、同行した本願寺職員は帰らせて、解放同盟の人の案内で、近くの町に飲みに行きました。アルコールが入り、互いにざっくばらんに話し、糾弾する人たちの心中も聞き、私の思いも忌憚なく話し、何回かK村に足を運びました。以後、親しくなって、皆ご門徒さんですから、本願寺や大谷本廟にお参りに来られる時には必ず電話をしてこられるようになりました。

一九八四（昭和五十九）年の熊本教区矢部町差別法名問題の時、私と本部相談員と職員の三名で出張しました。当地の寺の住職は教務所に勤めておられ、親しかったので、夕方からの糾弾会までお寺で一時間ほど休ませていただきました。私はよほど疲れていたのか、その間、起こされるまで大いびきで寝てしまいました。

皆が「糾弾会の前に大いびきで寝るのは室長ぐらいだろう」と大笑いしました。糾弾の内容は、浄土真宗の法名は正式には「釈○○」です。釈は釈尊の釈をいただき、法名そのものは二字です。他宗派では「戒名」といい、「居士・大姉」、「信士・信女」などの付いた字数の多いものほどありがたがられる風潮があるようです。その影響だと思いますが、真宗寺院でも「釈○○○○居士」などの字数の多い法名をつける地域（山口教区の一地域にあり、私は数回足を運びました）があったり、「信士・信女」を「畜男・畜女」、「草男・草女」（草を主食に生きる男女）というような墓石が残っていた地域（長野の一地区にありました）がありましたが、熊本の場合は「信女」が「信奴」とあり、問題になったのです。「奴」は「女」の字が筆の勢いで「奴」になったので、「信女」と書いたのだから問題がないと言い張る一部の住職もありました。しかし、例えそうであったとしても、多くの人には「奴」と見えますし、墓石に彫り込まれた字はどう考えても差別的です。「信奴」とある墓石は矢部町以外に同地域に数カ所ありました。糾弾会で私は「信奴」は差別法名であると認めて頭を下げました。

しかし、糾弾の中での仏教用語の使い方が、どう考えても真宗門徒とは思えない箇所が多くありました。私はその都度指摘しました。どちらも言いたいことは言い、聞くべきところは聞いて、糾弾会の後の懇親会は和気あいあいでした。私はそこで「宗派の非は非と認めるが、皆さんもご門徒でありながら、教えの理解はお粗末だと思います。これを機会に浄土真宗の教えを学んでほしい」と提案しますと、解放同盟の人たちも賛成ということになり、内容は『歎異抄』で、講師には私が年四回来るという約束をして別れました。

約束の第一回目の研修会で熊本に行き、私は教務所長に挨拶して矢部町に向かうつもりで教務所に立ち寄りました。ちょうどその時、教務所の二階の講堂で、矢部町の法名「信奴」を差別と認めることに反対という教区内住職有志の集会が開かれていたのです。元同朋部（運動本部になる以前の部署名）に籍のあった教務所長は私の顔を見て、「今、二階で行われている集会には困っている」と集会の内容を話し、「室長から矢部町の法名が差別であることを話してもらえないか」と頼まれました。矢部町の勉強会までには少し時間の余裕があったので、私は二階に上がり「女」が筆の勢いが余って「奴」となったと言われる気持ちもわからなくもないが、現時点では誰が見ても「奴婢」（律令制度での賤民を指す言葉）の「奴」に見える。そのことで非常に傷ついた人がおられる事実に立てば、「筆の勢いがどうのという言い訳は通じない」と話したのですが、納得してもらえませんでした。矢部町に行く時間が迫ってきたので、「私はこれから矢部町の解放同盟の人との勉強会の約束がありますから失礼します」と席を立とうとすると、「逃げるのか」と私を取り囲んで席を離れさせないのです。

時間だけが過ぎていくので、教務所の職員に「今の私の状況を矢部町の解放同盟の人に伝え、今夜の勉強会に行けない」と伝えてもらった後、私も腹を据えて話したのですが、「矢部町の法名を差別という見解を撤回せよ」と言い続け、「撤回できない」という私と平行線が続きました。そして、ついに集会の参加者側から、「どうしても撤回しないなら、私たちは本願寺派から離脱する。それでもいいか」と言い出しました。私の立場で「どうぞ離脱してください」とも言えず、「今からその件について総務に指示を仰ぐ」と答えて階下に降りました。

深夜（十一時過ぎ）に総務を起こすのは気が引けましたが、京都の黒山総務に電話して、今熊本で起こっている状況を話し、「宗派を離脱するとまで言うのですが、どうしたものでしょう」と問うと、黒山総務は「この時間まで話しても埒が明かない人たちなら離脱してもらえ。後は私が責任を持つ」という力強い返事でした。

私は直ぐに二階の席に戻ると、「今、総務さんに相談しましたが、離脱するという人には離脱してもらっていいという許可を得ましたので、どうぞ宗派から離脱してくださ い」と言い放ちますと、集会の参加者側の人たちは態度を変えて、「そこまでは言ってない」というので、しばらく「言うた」、「言わない」の押し問答をし、またも「撤回せよ」、「撤回できない」の話に戻り、私が解放されたのは翌朝の二時頃でした。

階下へ降りると教務所長が心配そうな顔で待っていてくださり、「申し訳なかった。夕食も抜きで、こんな時間になってしまって。今から食事に行こう」と言われるので、「こんな時間に食事のできる店がありますか」と尋ねますと、「心配ない。知った店がある」と、表通りに私を連れ出してタクシーで駅前に出ると、まだ電気のついている店がいくつかありました。結局二人で日の出近くまで飲むことになりました。

矢部町の差別法名問題は、それから一年以上かかって、私を一夜缶詰めにした人たちが、解放同盟に頭を下げ、自分たちの誤りを認める形で終わりましたが、その記事が「熊本日日新聞」に大々的に報じられました。今でも私が残念に思っているのは、矢部町の解放同盟の人たちと『歎異鈔』の勉強会ができなかったことです。

糾弾会はその後も続き、私は龍谷大学で起こった「差別落書き事件」にも、時の学長と並んで糾弾を受けました。糾弾会で一番残念に思うのは、糾弾を受ける側の人が、うんともすんとも言わず、ただ頭を下げて嵐の過ぎるのを待つような姿勢です。日頃強い発言をする人も、口をふさいでただ黙っているのです。糾弾する側も反応のない人に一方的に自分たちの見解を述べるだけで終わるのには耐えがたいと思います。

　私はいつの糾弾会でも、間違いは間違いと認め、言うべきことは言うことにしていました。京都の解放同盟の人たちとも糾弾会の後、コーヒーを飲みながら親しく本音を話し合いました。そんなことで、清水寺が糾弾を受けた時も、京都解放同盟の人が電話をかけてきて、「室長、申し訳ないが同席してくれ」と言うので、「私がどうして清水寺の糾弾の席に出るのですか」と問うと、「初めから最後まで黙って下を向いている人たちの糾弾会には力が入らないから、室長が出て時々応答してもらいたい」とのことでした。結局、私は清水寺の糾弾会も出ましたが、その糾弾内容については全く記憶に残っていません。

　一九八五（昭和六十）年も私にとっては忘れることのできない一年でした。先に述べた兵庫教区の組画変更の問題があり、東京では築地別院仏教文化講座の差別発言の問題がありましたが、何と言っても本願寺第二十四代大谷光真門主に「部落解放基本法制定要求国民運動中央実行委員会」の会長に就任いただいたことが一番印象に残っています。解放同盟の中央本部から「ぜひ、ご門主に会長を引き受けていただきたい」との依頼が元でした。それも委員長、副委員長、書記長がそろって本願寺まで足を運んでのお願いです。私がどうこう言える問題ではありませんから豊原総長に直接相談しました。総長も即答はされず、「二、三日時間を」と言われますし、私は私の粗末な頭で悩みました。そんな中で私の頭に浮かんだ言葉は、ご門主が一九八〇（昭和五十五）年四月一日に宣布された『教書』のお言葉です。

自分だけの殻に閉じこもらず、自分自身がつくりかえられ、人びとの苦しみに共感し、積極的に社会にかかわってゆく態度も形成されてゆくでありましょう。それが同時に、開かれた宗門のあり方でもあります。

私は同朋運動に取り組む中で「人びとの苦しみ」の第一は不条理な差別にあるという思いを強くしていましたから、ご門主が「部落解放」にかかわってくださることが、「積極的に社会にかかわってゆく態度」の具体的な表明になり、本願寺の両運動の文字通り先頭に立ってくださることになるのではないかと思いました。

二日ほど考え抜いたその思いを総長に話しました。豊原総長も私の話を聞いて考え込み、「ご門主は受けてくださるだろうか、ご門主が引き受けてくださるなら、私には異存はない。君がご門主に直接会ってお気持ちを聞いてくれ」と言われました。当時の総長室は宗務所の一番奥の建物にありましたから、百華園を挟んで内事（ご門主の執務室）に近かったのです。

私は早速ご門主にお会いして「部落解放基本法制定要求国民中央実行委員会」の会長の件をお伺いしました。ご門主は「総長さんの所存はどうですか。総長さんが全面的に協力してくださるならお引き受けしますが、私の一存では決められません」とのお言葉でした。私はすぐに総長室に戻り、ご門主のお言葉を伝えると、総長は「ご門主がお引き受けいただくなら、宗門挙げて協力する」と明言されました。私はまたすぐにご門主に会い、総長の言葉を伝えました。ご門主は「総長さんがそう言ってくださるのならお引き受けしましょう」と言ってくださいました。私はその旨を総長に報告し、首を長くして待っておられる部落解放同盟中央本部に電話を入れました。

ご門主の会長就任で一番喜んでくださったのは言うまでもないことですが、本願寺派のご門徒でもある解放同盟の委員長、副委員長、書記長の三役をはじめ、同盟の皆さんでした。ところが、このことを間違いなく喜んでくださると思った同朋運動の旧本部員さんたちには不評でした。それだけでなく、本願寺派立法機関の宗会でも、私はつるし上げられる羽目になりました。「ご門主はあくまで本願寺派のご門主であり、外部の団体に関わってご苦労いただきたくない」という思いが、先輩方には強かったのです。

ご門主にご苦労をおかけしましたが、残念ながら「部落解放基本法」は日の目を見ることはありませんでした。

話が前後しますが、長野教区で問題になった法名（戒名）に「畜男」・「畜女」、「草男」・「草女」の件について、少し話しておきたいと思います。これらはいずれも江戸時代に、墓石に刻まれたものです。このような戒名をつけたのは、すべて他宗の住職でした。江戸時代にこの地区に真宗寺院はなく、越中（富山）や越後（新潟）の浄土真宗の僧侶が年に何回か布教巡回し、そのご縁に遇ってお念仏を喜んだ人たちが、近くに真宗寺院がないので地元の他宗の寺院に所属していたのです。ご存じのこととは思いますが、江戸幕府は檀家制度で民衆を統治していました。所属寺がないと戸籍がないようなものです。お念仏を喜ぶ人たちも不本意ながら他宗寺院の檀家となり、引き受けた住職も不愉快だったと思います。そんなことも、このような差別的な戒名（法名）をつけた一因だと思われます。

しかし、明治以降、この地区に真宗寺院ができてお念仏を喜んでいた人たちはこぞって浄土真宗の門徒になられました。それなのに長い間、差別法名の刻まれた墓石を見過ごしてきた真宗寺院の住職にも非があります。結果、差別墓石はその墓石があった場所に地下室を作って納め、新たな法名を刻んだ墓石を元の位置に建てることになりました。このことも差別法名問題として忘れることのできないことの一つです。

㋖ 両運動を一本化して基幹運動に

私が両運動本部の室長として一番苦労したのは、両運動の一本化です。門信徒会運動も同朋運動も趣旨はどちらも「本願を仰いで生きられた親鸞聖人に学び」で始まり、「同朋教団の真の姿を実現する運動です」で結ばれています。その中心部分を記すと、門信徒会運動は、

　つねに全員が聞法し全員が伝道して、わたくしと教団の体質を改め

とあり、同朋運動は、

　念仏者の責務として、社会的事実にかかわっていく中で、不合理な差別問題に積極的に取り組み

と定義し、この両運動を宗門の基幹運動として推進してきましたが、両運動本部の室長として私の中で日々膨らんできた問題意識は、一つの集団（ワンチーム）が二つの目標を掲げて運動することの不自然さです。その二つの目標もよくよく考えてみますと、その内容は一つです。

　親鸞聖人のみ教えは「聞法・伝道」する人が「念仏者」であり、「わたしと教団の体質を改める」とは、「社会的事実にかかわっていく中で、不合理な差別問題に積極的に取り組」む「わたしと教団」になろうということ以外にはありません。

私たちの教団はいつの頃からか、伝道は僧侶の役割、聞法は門信徒の仕事、信心は個人の心の問題、社会的問題は社会運動家の仕事と割り切って、それぞれが自分の殻に閉じこもり安住してきました。その一番の原因が、長い封建体制に守られ、檀家制度に安住した時代に形成された伝統宗学の中で生み出された「信心理解」にあったのではないでしょうか。そこのところを『教書』には「信心の行者」のあり方として、

自分だけの殻に閉じこもらず、自分自身がつくりかえられ、人びとの苦しみに共感し、積極的に社会にかかわってゆく態度も形成されてゆくでありましょう。

と明示され、「基幹運動」について、

私たちの一人ひとりが真の信心の行者になってゆくことを根本にしていますが、それとともに、今日及び将来に向かって、全人類の課題を自らのものとして担う積極性が必要です。そのための基礎となる教学の形成と充実をはかり、それをふまえ

て、宗門内にとどまらず、広く世界にみ教えを伝えてゆかなければなりません。

と教示してくださっています。

門信徒会運動は「聞法・伝道」のあり方を見直すことによって、言葉を換えれば「新しい教学の形式」によって「教団の体質を改め」ることを目指し、「教学が変わらない限り、教団の体質は変わらない。教団の体質が変わらない限り、教団の未来はない」という思いを根底にして、まず「聞法・伝道」のあり方を変えようというねらいで「連研」を始め、「門徒推進員」の養成に取り組みました。

同朋運動も「社会的事実にかかわっていく中で、不合理な差別問題に積極的に取り組」む念仏者と教団へと「体質を改める」ことを目指す運動であり、その運動は決して人権運動ではなく、「信心」に立脚したものです。そのためには「十方衆生はわれらなり」の視点を失った「われ一人」の枠に安住する「信心理解」に立つ教学が変わらない限り、外圧による運動の殻から抜け出せないと思います。両運動の根源にあるのはただ一つ「信心理解」です。「われ一人」を抜いたら「信心」は成立しませんが、「われら」

が抜ければ「信心」はただの自己満足でしかありません。

両運動を一本化するためには、その基礎となる「信心理解」の問い直しが不可欠でした。このような問題意識から出てきたのが、「宿業」・「信心の社会性」・「真俗二諦」という問題です。「宿業」については『歎異鈔』の意訳のところで話しましたから、少し長くなりますが、あとの二つの問題について私の思いだけでもお聞きください。

「信心の社会性」について、教団内の特に伝統宗学に立脚する人たちには誤解を招き、厳しい批判も多くいただきました。その大半は「信心の社会性」という言葉に対するものでした。言葉の是非はさておいて、「信心の社会性」という言葉で一番言いたかったことは、『歎異鈔』の「弥陀の五劫思惟の願をよくよく案ずれば、ひとへに親鸞一人がためなりけり」（『註釈版聖典』八五三頁）の言葉だけが強く印象づけられ、「信心はわれ一人」という理解になったのだと思います。「われ一人」と同時に「われら」と自我の殻が開くところに成立するのが「信心」です。親鸞聖人の和語の聖教には「われら」という視界の広がりを表すお言葉がしばしば出てきます。このことは拙書『四十八願を語る下』でも記しましたが、ここでも二、三文いただきますと、

①「十方衆生」といふは、十方のよろづの衆生なり、すなはちわれらなり。

（『尊号真像銘文』／『註釈版聖典』六五七頁）

② れふし（猟師・漁師）・あき人（商人）、さまざまのものはみな、いし・かはら・つぶて（小石）のごとくなるわれらなり。

（『唯信鈔文意』／『註釈版聖典』七〇八頁）

③ しかるに仏かねてしろしめして、煩悩具足の凡夫と仰せられたることなれば、他力の悲願はかくのごとし、われらがためなりけりとしられて、いよいよたのもしくおぼゆるなり。

（『歎異鈔』／『註釈版聖典』八三六～八三七頁）

とあります。

親鸞聖人は『正像末和讃』で、

智慧の念仏うることは
法蔵願力のなせるなり
信心の智慧なかりせば

いかでか涅槃をさとらまし　（『註釈版聖典』六〇六頁）

と嘆じられ、「信心の智慧」に、

弥陀のちかひは智慧にてましますゆゑに信ずるこころの出でくるは智慧のおこるとしるべし　（異本左訓）

と、そのおこころを明らかにしてくださっています。「智慧のおこる」とは「煩悩具足の自身」と「その身を存在せしめる法（無量寿・無量光の時空を超えたはたらき・弥陀法）に目覚めるということです。

社会と全く関わりのない個人の存在などあるはずがないのです。信心は「われ一人」という内面的なよろこびをもたらすと同時に「われら」という開かれた社会性の目覚めとなるのです。その事実を「信心の社会性」という言葉で伝えたかったのです。

信心をいただくことが、そのまま「わたくしと教団の体質を改め」る「われら」となり、それは「社会的事実にかかわっていく中で、不合理な差別問題に積極的に取り組む「われら」の誕生でもあります。まさにそこに「本願を仰いで生きられた親鸞聖人に学」ぶ念仏者・信心の行者の真の姿があるはずです。

「信心の社会性」でご縁のある方と話し合いを深め、共通の理解に立って教団の運動を一本化したかったのです。信心ということで、私が大切にいただいているお言葉の一つに、初期本願寺教団の教学を構築してくださった存覚上人（第三代宗主覚如上人の長子・一二九〇～一三七三）の、

この一念帰命の信心は、凡夫自力の迷心にあらず、如来清浄本願の智心なり。

（『浄土真要鈔　本』／『註釈版聖典』九六八頁）

のお言葉です。また本願寺中興の祖と仰がれた蓮如上人（一四一五～一四九九）の、

われればかりと思ひ、独覚心（自分一人の目覚めで満足する心）なること、あさましき

ことなり。信あらば仏の慈悲をうけとりまうすうへは、われはかりと思ふことはあるまじく候ふ。

（『蓮如上人御一代記聞書　本』／『註釈版聖典』一二六〇頁）

のお言葉も大切にいただきたいと思います。

次に「真俗二諦」で問題提起しようとした気持ちを聞いていただきたいと思います。「真俗二諦」の本来的な意味は、「真諦は言語表現を超えた、宗教的に絶対的な立場をさし、俗諦は絶対的真理が相対的な相で具体的に示される世間的な立場」（『真宗小辞典』・法蔵館）を意味するものです。しかし、真宗ではその語が転用され、「信心正因称名報恩が真諦、王法為本仁義為先（一般社会の倫理生活）が俗諦とされ、特に明治維新、この二諦の相依資が強調された」（『真宗小辞典』）のです。そのことの事例を敗戦前の本願寺派を代表するべき布教者（神子上惠了師）の『領解文説教』の中で、「念仏行者の生活」を説かれる一段を一、二文紹介しますと、

未来は弥陀の誓ひにまかせ、命のあらん限りは国家社会の為に、活動する人物と

せねばならぬ。而して見れば、過去から現世に生れたのは、父と母との御恩なり、
現世の撫育られたは、皇室の御恩なり。

と話され、また、

個人の幸福、家庭の圓満、社会の安寧、国家の安全、萬民の安堵、皇帝（天皇）
萬歳世界平和も疑無し。

と語られています。この『領解文説教』は敗戦から十三年後の一九五八（昭和三十三）年十月十五日の発行ですが、実際に話されたのは一九四五（昭和二十）年の敗戦前だと思います。敗戦後にご法話で「皇室の御恩」・「皇帝萬歳」を説いた人はいないと思います。そのことによって起こったことは、真宗の布教が「阿弥陀仏のすくい（死後往生）の間違いがないこと」や「阿弥陀仏のお慈悲のありがたいこと」を説くだけで、阿弥陀仏の法に目覚めた（信心）人が、この世をどう生きるのかという本来的な俗諦が全くと

言っていいほど語られなくなりました。その状態は現代においても変わっていないと思います。

本来的な俗諦（真諦と不離なる信心の行者の実生活）が語られなかったら、宗教が宗教としての役割を放棄したに等しいと思います。そのことを「真俗二諦」を話し合う中で確認したいという思いがあったのですが、「信心正因」、「称名報恩」という安心論題の枠からいまだになかなか出られないのが私たちの教団の姿です。

先に引用した『真宗小辞典』には、「信心正因称名報恩が真諦」とありますように、結局、信心の行者、念仏者の「世間一般に対処する生活態度を明らかにする俗諦」の議論はあまり深まりませんでした。言葉を換えると、信心の行者として「社会的事実にかかわっていく中で、不合理な差別問題に積極的に取り組」む姿勢はなかなか明確にならず、人権問題として同朋運動を推進するあり方はあまり変化しませんでした。

私見を述べますと、信心の行者の生活態度を、親鸞聖人は『教行証文類』の「信巻・末」で明らかにしてくださっているといただいています。それで、私は「現生十益」（『註釈版聖典』二五一頁）をいただいた書を数冊出版しました。また『親鸞聖人御消息』

の第二通にお示しの「身をいとう」・「世をいとう」のお言葉で「阿弥陀仏を好みまうしなんどするひと」（信心の行者）の生活態度が明かされています。少し長くなりますが、そこには、

煩悩具足したる身なれば、わがこころの善悪をば沙汰せず、迎へたまふぞとは申し候へ。かくききてのち、仏を信ぜんとおもふこころふかくなりぬるには、まことにこの身をもいとひ（厭ひ、煩悩の身を是としない）、流転せんこと（煩悩に流され続ける現人生）をもかなしみて、ふかくちかひ（弥陀の誓願）をも信じ、阿弥陀仏をも好みまうしなんどするひとは、もと（以前には）こそ、こころのままにてあしき（悪い）ことをもおもひ、あしきことをもふるまひ（行動）なんどせしかども、いまはさやうのこころをすてんとおぼしめしあはせたまはばこそ、世をいとふ（迷いの世を厭う）しるし（信心の利益）にても候はめ。また往生の信心は、釈迦・弥陀の御すすめによりておこるとこそみえて候へば、さりともまことのこころおこらせたまひなんには、いかが（どうして）むかし（信心獲得以前）の御こころのままにては候ふべき。

（『註釈版聖典』七三九〜七四〇頁）

とお示しになっています。

「信心の社会性」・「真俗二諦」の議論を重ねながら、両運動の一本化を進めました。

一九八五（昭和六十）年に、新しい宗務総合庁舎と本願寺北側の旧日蓮宗四大本山の一つ本圀寺の旧地に駐車場ができ、いくつかの建物に分散していた旧宗務所から移転し、新しい庁舎の二階に移りました。

一九八六（昭和六十一）年の二月、新しい席に座って間もなくのことでした。小森龍邦解放同盟本部書記長は地元の解放同盟の広島県連合会の委員長でもありました。ある会合の後で、小森さんが私に「地元の広島の真宗寺院にも問題があるので、広島県連合会と広島の住職さん方との勉強会を持ちたいが、藤田さん、是非そういう場を設定してほしい」という話を出されました。私は「少し時間をください。必ずご希望に添うようにします」と返事し、安芸教区（広島県西部、昔の安芸国）と備後教区（広島県東部と岡山県西部、昔の備後国と備中国）の両教務所長に電話を入れ、「小森さんの提案」を話しました。

両教務所長はともに「私の一存では決めかねますので、教区内の人と話し合う時間をください」ということでしたので、私は「半月以内には必ず返事をください」と言って電話を切りました。

半月が過ぎても返事がないので、両教務所長に電話をすると、どちらも「教区内の意見がなかなかまとまらない」とのことで埒が明きません。私は電話ではいつまでたっても埒が明きそうにないので、両教務所長に本願寺に来てもらい、私は「安芸教区と備後教区が一つになって解放同盟広島県連合会の方と勉強会を持ってほしい。一つ組織に所属するものが違う話をすると、相手も困るし、対等な話し合いにならない」という趣旨のことを話しました。

安芸の教務所長は「教区内に安芸と備後は同等ではないという意見が強くて私も困っている」とのことです。安芸は安芸門徒の伝統があり、ご法義の先進地の意識が強く、備後と同じにされては困るという同じ教団内に潜在する差別意識があることを、私は相談員の時から感じていました。備後の教務所長は「教区内に岡山県の寺もあり、なかなかまとまらない」と言い、最後には、両教区で一つになれと言われても打ち合わせのたびに広島と福山を往復しなければならない。時間や経費が大変だという意見もあるという、両教区とも解放同盟との勉強会に消極的で、話が前に進みません。

私はやむを得ず、小森さんに私たちの教団の実情を素直に話しました。小森さんは「どの組織にも同じような問題がありますね。外部の人の言葉は聞いても、内部の人間の言うことに素直に耳を傾けないものです。それでは私の方から両教区に直接話を持っていきます。それでもいいですか。了承がいただければすぐに行動に移しますが……」と話され、私は「私の力不足でご面倒をおかけしますが、全面的にお任せしますのでよろしくお願いします」と頭を下げました。

それが一九八五（昭和六十）年十月に始まった『同朋三者懇話会』です。私は小森さんにお任せして一切口を挟まないことにしましたが、聞こえてくるのは私が一番心配していたことです。すなわち、部落解放同盟からの一つの問いに、答える本願寺側は一つの教団でありながら、安芸と備後で違う返答をすることでした。

一九八六（昭和六十一）年二月の宗会の議決を経て、四月一日から私は基幹運動本部事務部長としての勤めが始まりました。私が両運動本部の室長になってから両運動を宗門の基幹運動と位置づけ、「同朋教団の自覚と実践」という目標を「御同朋の社会をめざして」と変えました。それで両運動を一本化した時の名称を、私は「御同朋の社会をめざす運動」（略称・御同朋運動）としたかったのですが、長く門信徒会運動に関わってこられた人たちから「御同朋運動」では「門信徒会運動」が「同朋運動」に吸収されたように受け取られて、「門信徒会運動」が消滅したような理解を与えるのではないかという反対の声が強く、両運動を一本化したが、その運動名称を決めるのに一苦労しました。結果は目標が明確に示されない「基幹運動」となったのです。

運動目標が明確に示されない「基幹運動」の名称に、私自身は大不満でしたが、いつまでも言っておれないので、基幹運動本部事務部長の席に着きました。しかし、実際は席に座ることは少なく、全国を東奔西走、今までの両運動を一本化して基幹運動とした趣旨の説明に追われました。それだけで丸一年が過ぎたように思います。

その間に印象に残る仕事はビクターレコードからビデオ仏典童話の第一巻として『ウパーリの出家』を出したことです。これがビクターのヒット商品となり、東京まで担当職員と出かけ、「首を傾けた犬」の置物をいただいたことです。私の十代、二十代の頃はどこのレコード店の前にも置いてあった懐かしい犬の置物です。今も副賞としていただいた小さな犬の置物を見るたびに、その時のことを思い出します。もう一つは「門信徒手帳」です。私が手がけた仕事で今も型として残っているものの一つです。年末の『本願寺新報』の広告を見るたびに運動本部の部長時代の一端が思い出されます。

基幹運動の名称に不満でありましたが、各教区の研修などの印象では両運動を一本化したことを教団内の大多数の人には好意的に受け取ってもらえたようです。私は基幹運動本部事務部長一九八七（昭和六十二）年四月末日で依願退職しました。

私の運動本部での仕事というか役割が順調に果たせたのは、十年間本願寺派総長を務められた豊原大潤師の大きな支えがあったからです。その豊原総長が三月末で退職されると知って、私は直接総長に私の気持ちを述べ、「総長の辞任と同時に私も退職します」と言いましたが、総長は「それでは角が立つので、一カ月ずらして退職してほしい」とのことでした。それで私は四月末で依願退職したのです。

豊原総長には在職中、月に二、三回昼食を総長室でご一緒させていただきました。総長の昼食は食パンと卵二個の文字通り目玉焼きでした。いろんな話を聞かせていただきましたが、覚えているのは一つだけです。総長は墨書が大変お上手でした。私が寄せていただいたお寺の座敷でも、しばしば総長の墨書の額を見ていましたので、「私にも一幅お願いできませんか」とお願いすると、「君に書いてやる字はもう決めている」と言われるので、「どういうお言葉ですか」と尋ねますと、即座に「すまじきものは宮仕え」とお答えになりました。私は心底を見透かされているような気がして、「総長さんはどうして私の心の内がわかるのですか」と言いますと、「君の顔にそう書いてあるよ」と微笑された顔は忘れられません。

豊原総長で忘れられないことは、ある時総長室に行きますと、総長は小指ほどの小さな金づちで頭を軽くたたいておられました。「どうされたのですか」と尋ねますと、「ボケないように頭を刺激しているのだ」と言われ、続いて「藤田君、この宗門をこれからどうするのがいいのかな」と言われました。その時の総長さんの宗門の将来を案じておられる真剣なお顔が今もまぶたに浮かびます。

私は豊原総長のお言葉に従って、四月に辞表を出して退職しましたが、その事情については一切誰にも話しませんでしたから、多くの人にいろいろな憶測が流れました。豊原総長の後任、新総長には面白くなかったようです。私は退職する以上は後任の方に任せて綺麗さっぱりと運動本部から手を引きたかったのですが、「基幹運動本部参与」ということで退職を認めてもらいました。

私が本願寺を退職したことがわかると、全国のご縁のあった人たちから、すぐに布教の依頼があり、手帳がすぐに一杯になりました。給料で縛られた生活から解放された日々は、私にとって楽しいものでした。

㋗ 伝道院部長として復職

本願寺を退職して一カ月過ぎた時、お世話になった黒山総務から電話がかかってきました。たまたま宇治のマンションにいたので電話に出ますと、「藤田君、伝道院の部長を引き受けてくれないか」という話でした。私は「布教の約束で日程が詰まっていますのでお許しください」とお断りすると、「君が伝道院部長を引き受けてくれるまで私が部長代理をして、部長の席を空けておくから頼む」と言って電話を切られました。

両運動本部室長の時にお世話になった黒山総務にそこまで言われ、私は困り果てました。布教の約束をしたお寺の住職のお顔もまぶたに浮かびます。それから一週間に一度のペースで電話がかかってきます。黒山総務の温情に負け、「九月からにしてください」と、伝道院部長として復職したのは一九八七（昭和六十二）年、四十六歳二カ月の時でした。伝道院部長としての初仕事は「布教講会」でした。四泊五日の布教使にとって一番大切な講習会です。開講式にはご門主のお言葉をいただき、教講・副講の講義が中心で、全国からベテラン布教使の方が集まってこられます。私は毎年受講してくださる顔ぶれがあまり変わらず、布教使資格を持っていても一度も受講されない人が多いことを残念に思い、翌年から布教使資格を得て五年ごとに布教講会に招集することにしました。強制ではないので出席する人の顔ぶれはあまり変わりませんでした。私は七十歳を過ぎて、はからずも「布教講会」の教講を務めさせていただきました。教講は本願寺の学階で勧学の人がほとんどで、布教使で教講を務めさせていただいたのは松野尾潮音先生と私ぐらいだと思います。布教使の講会なのだから、もっと布教使の方が教講を務めてもいいのにと、私は前々から思っています。

この頃から本願寺では伝道部が中心になってビハーラ（仏教ホスピスというかターミナル

ケア）の活動を始めました。朝日・毎日・読売・産経などの大新聞をはじめ、地元の京都新聞などに大々的に取り上げられました。すると早速京都大学の附属病院から本願寺に電話が入りました。

何せ始まったばかりのビハーラで、本願寺内の体制もこれからということで、京大病院の入院患者さんのことでの相談です。伝道部の職員はその内容もしっかり聞かずに、「病院の入り口にいる守衛さんに言っておくので、来てもらったら担当医から詳しく相談内容を話します。なるべく早くお願いします」と聞き、慌てて担当総務に指示を仰ぎにいきました。

担当総務も慌てて、総局（総長と総務五人で構成。国で言う内閣）で相談した結果、私に声がかかりました。私も本願寺がビハーラ活動を始めたことは知っていましたが、その内容は全く知りませんし、その上相談内容もはっきりしないので、私は即座に「私はビハーラについて何の知識もありませんのでお許しください」とお断りしますと、黒山総務から、さらに日谷総務からも電話がかかってきました。日谷総務にはブラジルご巡教以降、運動本部の部長時代にも大変お世話になっています。内容は忘れましたが、一人の賛事が祇園で一緒に飲んでいると、「日谷総務の判がもらえない」とグチりだしたのです。時計を見ると八時半過ぎでした。私は「今から総務の役宅に行って、俺から頼んでみよう」と腰が引ける賛事を無理やりタクシーに乗せて役宅に直行しました。総務は私の顔を見て「夜中に何事か」と驚き、「まあ上がれ」と言ってくださいました。

古い大きな役宅の座敷で三人が向かい合い、私が話し出すと「わかった、わかった。まあ一杯やれ」と、下戸のはずの日谷総務が一升瓶とコップを出して、「一人住まいで酒の肴はないぞ」と。同行した賛事が近くの役宅マンションにいる奥さんに電話して、酒の肴になるものを持って来させ、私は上機嫌で酔っぱらって寝てしまいました。

翌早朝、肩をたたかれ目を覚ますと、総務は「晨朝の勤行に出勤してくるから、そのまま寝ておれ。帰ってきたら朝食を用意してやるから」と、役宅を出て行かれました。私は前夜の深酒でまたすぐに寝てしまいました。ご晨朝から帰ってこられた総務に再び起こされ、手作りの朝食をいただき、そのまま出勤したことがありました。

お世話になった二人の総務に頼まれて断り切れず、ビハーラも相談内容もわからないまま京大病院に向かいました。守衛所で「西本願寺の者ですが……」と言うと、「先生が待っておられます」と早速病院の一室に案内されました。すぐに白衣の医師がカルテを持って入ってこられ、礼を言われると同時にカルテを開いて話し出されました。カルテを指さしながら話されますが、要点はドイツ語のようで、私にはさっぱりわかりません。先生の話された内容は次のようなことでした。

七十歳近い老婦人が末期がんで、手の施しようがなく、麻酔薬（少なくとも七〜八時間は効果がある）を注射して痛みを抑える処置をしているが、注射を打って三十分もすると、ベッドの枕元にあるベルを押すので看護師が飛んでいくと、その老婦人が「痛い、痛い」と泣きながら訴えるのです。看護師が「今、先生に注射を打ってもらったばかりだから、静かにしていたら痛くなくなります」と話すと、そのときは納得してうなずくものの、また三十分もすると枕元のベルを押す。そんなことが続くと看護師が「先生からわかりやすく話してあげてください」となり、話しに行くとそのときは納得するがまた二、三十分するとベルを押す。「どこが痛いの？」と尋ねても「痛い、痛い」の一点張りでよくわからないが、痛いの内容が肉体ではなく精神的なものではないかと思うが、病人が痛いの内容を話さないので、よくわからない。ベルが鳴ると看護師が、時には私（医師）が枕元に行っては「注射の効果」を話すぐらいで、手の施しようがなく困り抜いていた時に、新聞で本願寺がビハーラ活動を始められたのを見て、電話させてもらったのです。

病人は京都の旧家の方ですが、家族が一人もなく、福井の実家の甥にあたる方に「病気の内容を話し、最期を看取ってやってほしい」と連絡しています。また甥にあたる人の近くに京大出身の医師もおり、連絡もついています。

と話され、私からも「その方の家の宗旨などわかれば教えてほしい」と尋ねると、医師は「浄土真宗のようです」とのことでした。私はもう少しご本人のことを尋ねたいと思っていたら、看護師さんが病人の老婦人の手を取って部屋に入ってこられました。

医師は「よろしくお願いします」と言って、そそくさと部屋から出て行かれ、医師の席に老婦人が泣きながら座られました。看護師さんもすぐに部屋から出て行かれ、部屋には私と老婦人の二人きりとなりました。

私はまず自己紹介をし、「私は医師でも病院関係者でもなく、西本願寺に籍を置く四十六歳の僧侶です。先ほど先生から聞きましたが、あなたの痛い、痛いと言われる中身を聞かせてください。僧侶の私が少しはお力になれると思います」と語りかけると、ご婦人は自分の人生を涙ながら話し始められました。

私は福井の田舎の日蓮宗の家から、京都のお東（真宗大谷派）の門徒の旧家に嫁いできました。日蓮宗の太鼓を打って題目（南無妙法蓮華経）を唱える家庭に育った私は、旧家の暗い仏間で舅夫婦と夫が毎朝静かにお勤めする雰囲気にどうしてもなじめず、台所で聞くだけで仏壇に手を合わせることもありませんでした。

舅夫婦はよくお説教を聞きに寺に参る熱心な門徒でしたが、私はには「自分たちが元気な間はお寺のこともお仏壇のお給仕もするから」と言って、真宗を強要することもありませんでした。私はそれをいいことに、仏壇のお給仕もせず、仏さまに手を合わすこともなく五十の坂を越えた頃、元気だった舅が亡くなり、姑も後を追うように亡くなり、それから二年もたたない頃に夫が事故で亡くなり、子どものいなかった私は旧家の広い家に一人残されました。

私がそうなって一番強く思ったことは、私がこの家に来てから一度も仏壇に手を合わさなかったから、罰が当たって一人ぼっちになったということです。その思いから、私は毎日のように仏壇の華を替え、時間の許す限り仏壇に手を合わす生活をしてきました。それなのに私はこんな訳のわからない病気（当時、がん告知をせず、患者は病名がわからなかった）になってしまいました。

私は仏さまからも見捨てられたと思うとやりきれなく、その気持ちの表現の仕方もわからず、「痛い、痛い」と泣いて訴えるしかなかったのです。

と、時間をかけて涙を拭きながらポツポツと話されました。

私は「阿弥陀さまは私たちのその時その場の要望を、人間が手を合わせることによってかなえたり、手を合わせないから罰を当てたりする方ではありませんよ」と話し始めると、ご婦人は「では阿弥陀さまとはどういうお方ですか」と問い返されました。「あなたのお母さんは、あなたのあり方や行為によってあなたを見捨てられたことがありましたか」と問いかけますと、「お母さんは叱ったり、褒めたりはしましたが、私を見捨てることは一切ありませんでした」と答えられました。

私はすかさず「阿弥陀さまを真宗では真実の親さまといい、私のありようによって助けたり、罰を与えたりする方ではなく、私が阿弥陀さまを忘れようと、背を向けようと、私を決して見捨てることのない摂取不捨（おさめとって捨てることのない）の仏さまですよ」と話しました。ご婦人は「私は一度も寺に参ったこともなく、阿弥陀さまのお話を聞いたこともありませんでした。ですから、仏さまも神さまも大切にしたら自分の思いをかなえ、粗末にすると罰を当てる方だと思っていたので、長い間仏壇に手を合わせなかった罰で、こんな病気になったと、今の今まで思い、仏さまにまで見捨てられたと思うとやりきれなくて、痛い、痛いと言ってきたのです。でも、一から十まで私の思い違いだったのですね」と涙を拭かれました。

私は時間をかけてゆっくりと、仏と神の違いやそれぞれの仏さまの違い、阿弥陀さまのお心について、私が四十六年の人生でお聞かせいただいてきたことを話しました。ご婦人は涙を拭い「知らないということは恐ろしいことですね。もっと阿弥陀さまのお話を聞きたい」と微笑みを浮かべられました。

その時タイミングよく、医師と看護師さん、壮年の男女が入ってこられ、微笑む病人を見て驚かれ、私に「先生はどんな秘法を用いられたのですか」と言われましたので、「私にできることは阿弥陀さまのお話だけです」と答えました。長い間「痛い、痛い」と泣く病人に困り果ててきた医師と看護師さんにはよく理解できなかったようですが、「よかった、よかった」と喜んでくださいました。

壮年の男女は、病む叔母を迎えに来た福井の甥夫婦でした。私より少し年長の甥夫婦に「あなたの家は日蓮宗ですが、あなたの叔母さんは浄土真宗です。今日初めて浄土真宗の話を聞きたいというお気持ちを、あなたが来られる直前に私に訴えられました。せっかくですから、叔母さんの今のお気持ちを大切にしてあげていただけたらと思いますが、どうでしょうか」と話しました。私が心配だったのは、日蓮宗の家に浄土真宗の僧侶を受け入れてもらえるかどうかということでした。

ご夫婦はしばらくお互いの顔を見合った上で、「京都から福井まで先生が来てくださるのですか」と心配そうに尋ねられました。そこで私は名刺を渡し、「私は西本願寺に勤める身ですから、私がお宅に伺うことができません。しかし、先ほど医師の先生からあなたの住所をお聞きしました。お宅の近くに浄土真宗のお寺もあり、そこの住職さんは私のよく知っている方で、わかりやすい話をしてくださる人です。その方に連絡し、月に二、三回お宅にお伺いするということでどうでしょうか。お宅が日蓮宗なのに浄土真宗の住職が出入りすることをお許しいただけますか」と話しますと、「家の宗旨は日蓮宗ですが、私たち夫婦には宗教に対するこだわりはありませんので、浄土真宗の住職さんが来てくださるのは一向にかまいません」と言われました。

私は本願寺のビハーラ活動の話をし、続いて「住職がお伺いする時には前もって連絡させていただきたいと思いますので、電話番号を教えてください」とお願いしました。甥夫婦との話がすむと、看護師さんと三人が急いで部屋を出られました。退院の支度をし、今日中に福井に帰られるとのことでした。

医師の先生から丁重なお礼の言葉をいただき、私は京大病院を出ました。昼食を済ませてから病院を訪れ、帰りは五時を過ぎていたと思います。私はそのまま宇治のマンションに帰り、その夜、福井の住職さんに電話で京大病院でのこと、訪ねてもらう家の住所と電話番号を伝えました。住職さんは「近くですからわかると思います。先生のご期待に添えるよう頑張ります」と快諾していただきました。

翌朝、伝道院の朝礼を済ませ、総局に向かい、前日の京大病院での結果を報告し、その後、福井の教務所長に快諾いただいた住職さんを教区としてもできるだけの応援をしていただくようにとお願いして、私もやっと胸をなで下ろしました。

福井に戻られた老婦人は翌年の二月、深雪の日に亡くなられました。連絡をくださった住職さんに「ご苦労をおかけしました」とお礼を言い、「亡くなる時の様子」を尋ねると、「『念仏の息たえをはりぬ』（『御伝鈔　下』・『註釈版聖典』一〇五九頁）でした」とのことでした。それを聞いて私もいいご縁に遇わせてもらったと思い、僧侶冥利を強く感じました。

このことには後日談があります。それは私の五十半ば過ぎの頃のことです。数年続いて報恩講のご縁をいただいている岸和田市のお寺で、京大病院での出来事を話した時、住職さんが「あれは先生のことだったんですか」と驚かれ、「ビハーラの研修会で京大の針間先生が毎回のように、ビハーラは何と言っても本願寺ですと話される」と教えてくださいました。私はあの時の京大病院の医師の名前は全く失念していましたが、住職さんの話を聞いて、改めて十年前の出来事を昨日のように思い出しました。そしてまた、京大病院の医師は山口県宇部市のご出身の方だったのかと思いました。なぜそう思ったのかというと、私が伝道院に勤め始めた頃、毎年宇部から大型バス一台で本願寺に参拝され、熱心に聴聞される団体の引率者が宇部市会議員の針間さんで、その印象が強く残っていたからです。

京大病院のことがあって一カ月ほどたった頃、「S布教使ハンセン病差別法話問題」が提起され、私もその問題に取り組む委員会の委員に任命され、毎週のように宗務庁舎に通うことになりました。S布教使は当時本願寺派布教使として右に出る者はいないという評価を得ていた人でした。そのS布教使が五年ほど前に山陰のお寺で話した時のテープの内容が問題として取り上げられました。私がこの問題で一番強く感じたことは、S布教使自身の布教そのものに問題があることは間違いありませんが、S布教使を本願寺派布教使の第一人者としてきた教団と私たち布教使そのものの体質に問題があり、布教使一人ひとりが自身の布教を問い直さなければならないということです。

伝道院の組織は、私が初めてご縁をいただいた時とは変わり、私は部長として研修の主任を兼ねました。研修の主任の時には研修だけで頭がいっぱいで、研究の方がどうなっているのかまでは気が回りませんでした。伝道院が部長一人の体制になってから、研究主任のいないままで来たのです。私の前の部長は西脇正文先生で、研修主任は兼ねておられましたが、研究主任は空席でした。

研究は主任がいないのをいいことに、常勤の研究員の中にはタイムカードだけ押してほとんど不在という者もいました。梯實圓先生が常勤でおられたので、梯先生に研究主任になっていただきたいと再三再四お願いしましたが、どうしてもお引き受けいただけなかったので、やむを得ず私が研究主任も兼ねることになりました。これが二年後に伝道院を退職する原因になりました。

私が伝道院部長となった頃、運動本部を日谷総務が担当しておられました。運動本部部長は、私が相談員の時の門信徒会運動本部室長だった大先輩でした。ところが宗会が始まると日谷総務から呼び出しがあり、運動関係の通告質問の答弁の下書きをしてくれとの依頼です。私は担当部長がおられるので困るとお断りすると、「わしの頼みが聞けんのか」と言われ、「担当の部長がおられますから」と断っても、「彼には文句を言わせない」と頭を下げられ、運動関係の通告質問の答弁書を書いたことは忘れられません。

一九八八（昭和六十三）年の住職課程を七月に終え、九月の布教講会の終了後は、私は藤澤量正先生に団長をお願いし、私が副団長ということで団体を組み、西ベルリンで開かれる世界真宗者会議に参加し、生まれて初めてヨーロッパ旅行をしました。

この旅行について一番お世話になったのは、大学時代にご指導をいただいた山崎昭見先生です。東山五条にある先生のお寺に数回お伺いして、ヨーロッパにおける真宗寺院や真宗者会議の内容、日程など微に入り細に入りご指導をいただきました。

初のヨーロッパの地は、ベルギーのアントワープでした。私はこの旅行を伝道院の企画ということで、出張扱いにしてもらうつもりで日谷総務にお願いしていました。しかし、総務は判を押してくれません。部長と賛事が参加するのですから、私的休暇というわけにもいきません。粘って粘って、経費は一切出ない出張ということで、伝道院を留守にすることができました。

あれやこれやと準備に追われ、アントワープのホテルに着くなり一気に疲れが出て、早々にベッドに入りました。夜中にドアを強くたたく音に目覚め、ドアを開くと賛事と添乗員が青い顔で「団員二人が夜の街に出たまま帰ってきません」と言います。時計を見ると十二時を過ぎています。「めぼしいところを探しましたが見つかりません。警察にも頼みました」と。私もロビーで待つこと一時間、二人は機嫌よく帰ってきました。酒の入った年長の二人に文句も言えず、「よかった、よかった」と部屋に戻りましたが、初日がこれでは先が思いやられると、なかなか寝入ることができませんでした。

翌日は市内にある慈光寺に参拝し、住職さん（ベルギーの人、大学教授）のお話を聞かせていただいたのですが、寝不足で記憶が曖昧です。ただ印象深かったのは、お勤めの「正信偈」は私たちが親しんできた漢文で、全く同じであったことです。これはベルリンでもスイスでも同じでした。ヨーロッパの人と声を合わせてお勤めした感動は生涯忘れられない出来事です。

ベルギーから西ベルリンに入り、真宗者会議に出席すると、大学の友人である都路君夫妻に出会いました。会議は言葉（英語であったと思う）が十分理解できなかったこともあり、これも記憶が曖昧です。私がベルリンで鮮明に覚えているのは、東西ベルリンを分断する頑強な壁です。この壁によって西ベルリンは周囲を東ドイツに囲まれた陸の孤島でした。長さ百五十五キロメートルの「ベルリンの壁」は、一九六一（昭和三十六）年八月十三日、一夜で造られたとのことでした。

翌日、地下鉄で東ベルリンに入った私たちは、地上に出て見た風景は同じベルリン市内でもこうも違うのかと驚きました。西ベルリンはビルが建ち並ぶアメリカで見た風景で、東ベルリンは重苦しい中世の街のようでした。「ベルリンの壁」は、私たちが帰国した二年後に崩壊され、一九九五（平成七年に、東西ドイツは再統一されました。

ベルリンからパリに飛び、ルーブル美術館で有名な「モナリザ」を見たり、先年大規模な火災に見舞われたノートルダムの大聖堂に行ったことは覚えています。

パリからスイスのジュネーブに入り、都心に近い信楽寺にお参りし、住職さんのお話を聞かせていただきました。住職さんは元カトリックの神父さんで、神父養成学校の教授でもありました。

カトリックでは日曜礼拝の後、信者が講堂の横にある神父が入る小部屋の前で懺悔をします。顔が見えないように壁で仕切り、口元にある小さな窓口の前で、自分の犯した罪をありのままに告白します。その告白を聞きながら自身を省みる時、自分が信者の立場だったら到底話すことのできないと思う内容を信者は素直に話します。神父になった若い頃は仕事だと思って聞いていましたが、到底他言できないような身の内を話される信者の懺悔を自身に当てて聞くことが苦痛になり、自身の内面を吐き出さなくても救われる道があればという思いが強くなり、仏教を学ぶようになりました。そんな中で、親鸞聖人の『正信偈』の、

極重悪人唯称仏　　罪の人々み名をよべ
我亦在彼摂取中　　われもひかりのうちにあり
煩悩障眼雖不見　　まどいの眼には見えねども
大悲無倦常照我　　ほとけはつねに照らします

のご文に出遇った時、私の歩む道がここにあったと、闇が一瞬にして晴れた気がしました。その後、親鸞聖人のお書物を読めば読むほど、この聖人の後を歩むしか私の救いの道がないという気持ちが深まり、日本に行き本願寺で浄土真宗の僧籍をい

ただき、この一寺を開きました。寺を開いた初めの頃は、元の神父仲間や教え子からも変な目で見られたり、悪口も言われましたが、私の身心には少しの揺らぎもありませんでした。今の私の人生は南無阿弥陀仏一筋です。

と話されました。私は師の話に深い感動を覚えました。

スイスにはもう一カ寺あります。念仏庵です。そこにお訪ねすることはできませんでしたが、信楽寺でお会いした庵主さんは車椅子の老紳士でした。銀行の頭取をしておられたそうですが、事故で下半身に麻痺が残り退職。妻も去り、孤独の中で信楽寺の住職さんとの出会いを通して『正信偈』に出遇い、お念仏をよろこび、自宅を庵にして教えの仲間との語り合いを大切にしておられるとのことでした。

私はジュネーブの大通りで若い画家に似顔絵を描いてもらいました。今も時々その似顔絵を見て、若き日（四十八歳）のことを懐かしく思い出します。アルプスの二千メートルぐらいまで（車であったかロープウエーであったか忘れましたが）登りました。その時の藤澤先生の荒い息づかいとお顔を、昨日のことのように思い出します。

ローマではまずバチカンに行きました。カトリックのご本山だけあって、その規模や建築物にはため息が出るばかりでした。また、映画「ローマの休日」で見覚えのある広場や、ローマ帝国時代の古い競技場などの名所を見て歩きましたが、一番印象に残っているのはローマ時代の古い地下墓地「カタコンベ」です。地下道の両側、縦横・奥行き六十センチほど（記憶は曖昧）の石室が整然と並んでいました。私はその一つ一つにローマ時代の人の顔が見えるような気がしました。

全員無事に大阪空港（現在の伊丹空港）に帰ったのは十月中旬であったかと思います。迎えに来てくれた妻の車で帰宅し、肩の荷を下ろすと同時に疲れで横になってそのまま寝入ってしまいました。

翌日、伝道院に出勤しますと、留守中に問題が起こっていました。研究メンバーが運動本部に答申した研究論文の中に、「勝如門主（本願寺第二十三代）に礼を欠いた」部分があると一人の宗会議員が担当総務を糾弾して、責任問題になっていたのです。

論文の内容は、勝如門主の大戦中のご消息の一部分を引用したものでした。勝如門主ご本人も他からの指摘を待たず、自ら深く謝すお言葉を述べられ、六十五歳で門主を退任されました。論文は「真俗二諦」を論ずる中で、戦時中の本願寺の姿勢を問うもので、決して勝如門主のご消息を問題にしたものではありませんでした。

それを一宗会議員の耳に入れ煽ったのは、その論文の作成メンバーである伝道院の研究員でした。担当総務も私もその研究員も同じ教区で、お互い担当総務には日頃から公私にわたってお世話になっていました。私は総務の苦しい立場を察し、「研究主任の私に責任があります」と辞表を出し、その問題の区切りにしてもらいました。

二年半前に続いて二度目の辞表提出です。その時の総長は第二十四代即如門主夫妻のブラジルご巡教の時の南米開教区総長で、「本願寺に名前だけでも置いておいたらどうか」と、優しい言葉をかけてくださったのですが、私は丁重にお断りして、一布教使として生きることにしました。

なかじめ

本書はわが人生を振り返り、私が私としてこの身命（いのち）を、今、ここにあらしめてくださる根源である大いなる「いのちのはたらき（アミダ如来）」を味わうものとしたいとの思いで書き始めましたが、あれもこれもと思い出が次々と出てきて長くなってしまい正・続の二になりました。

また「いのち」を「身命」と表記しました。従来「身心」であった表記が、いつの頃からか上下が入れ替わって「心身」となりました。私にはこのことが大変気になり、見過ごせません。「身」と「心」の語順の逆転は、「いのち」の見方の変化です。「身」と「心」は切り離せませんが、仏教は「身」に重点を置いて「いのち」を見る教えです。

たとえば「寺社」という言葉ですが、一八六三（慶応四）年三月十三日に、祭政一致・神祇官再興が布告されて神仏分離の宗教政策がとられ、一八六八（明治元）年五月二十八日の神仏混淆禁止となり、以後全国に廃仏毀釈運動が展開されていく中で、「社寺」と「寺」と「社」の語順が逆転しました。語順の変化は、その立場の逆転です。

『歎異抄』の第二条の「身命をかへりみずして」が「命がけで」と現代語訳（浄土真宗聖典編纂委員会）され、「愚身の信心」が「愚かなわたしの信心」となっています。どちらも現代語訳では「身」の語がなくなっています。私は現代の真宗学者でさえ「人間存在の底辺をなす『身』」を見失っているのではないか」と思います。

私が「身」を強く意識するようになったのは、若い頃ラグビーをしていたことが大きく関係しています。同じことを「身」で繰り返して「身」につけて力になるのです。なにごとも「身」に覚えさせる以外に実現することはできません。どれほど理論を頭にたき込もうと、心を高揚させようと、「身」についていないことは行えないのです。このことは「いのち」を生きるすべての面で言えることだと思います。

聖道門の行でも、浄土門の念仏でも、「身」を抜いて結果を出すことは不可能です。「心」も大事ですが、反面「心」ほど当て頼りにならないものはありません。「身」の上に何か起こると「心」は騒ぎ出します。いや、自身の眼前や周辺の動きにも「心」は大きく揺れます。古人は「心コロコロ」と言いました。そんな揺れ動く「心」を「人間存在の根底に置く」ほど危ない人生はありません。私たちの「身」もそれほど確かなものではありませんが、「心」よりは確かだと思います。

最後に尊敬する哲学者西谷啓治先生（一九〇〇～一九九〇）のお言葉をいただいて「なかじめ」とさせていただきます。

真理としての「法」が身体的なものの上に、つまり人間存在の底辺をなすものの上に「かた」を刻みつつ自らを実現してくるということである。すなわちその「かた」の背後に、法は自らを実現して来る道を開いている。

（『宗教と非宗教の間』）

編集は佐竹隆弘さんにご苦労をいただき、出版は探究社さまのお世話になりました。

深謝

二〇二〇年十月

藤田徹文

著者略歴

藤田徹文（ふじた　てつぶん）

1941年大阪市に生まれる。龍谷大学大学院（真宗学専攻）修了。

基幹運動本部事務部長。浄土真宗本願寺派伝道院部長・主任講師を経て、現在、備後教区光徳寺前住職。本願寺派布教使。著書に『人となれ仏となれ—四十八の願い—全七巻』『仏さまのお話—少年・少女のための佛教読本—』（永田文昌堂）、『この世の利益きわもなし』『いのち信心』『夢と死』『聞光力』『総代・世話人教本』『声を出して正信偈』（探究社）、『やさしい正信偈講座』『シリーズ「生きる」全六巻』『はじめて仏教を聞く人のための十三章』（本願寺出版）、『正信偈の学び方』（教育新潮社）、『わたしの浄土真宗』（法藏館）ほか多数

今、ここに在る身命《いのち》

二〇二〇年十一月二十日　初版印刷
二〇二〇年十一月三十日　初版発行

著　者・藤田徹文
発行者・西村裕樹
発行所・株式会社　探究社
〒520—0027
大津市錦織2—9—30—101
印刷製本・亜細亜印刷株式会社

乱丁・落丁はお取り替えいたします。
ISBN978-4-86724-002-1　C0015